なぜあの人のジョークは面白いのか？

THE COMEDY OF ERROR

ジョナサン・シルバータウン〔著〕 水谷淳〔訳〕

東洋経済新報社

進化論で読み解くユーモアの科学

なぜあの人のジョークは面白いのか?

進化論で読み解くユーモアの科学

目　次

chapter 3 歌とダンス　61

chapter 4 くすぐりと遊び　91

誰よりも一途な友人のロブへ

chapter

1

おかしさと間違い

「完璧さを求めるのもいいが、
間違いやバカなことを話すほうが
ずっと楽しいもんだ」

ファニー・バーニー
（1752－1840）

笑いとは何か？

間違いにはおかしさが潜んでいる。シェイクスピアもそう言っているが、間違いとおかしさの関係は何千年も昔から知られていた。シェイクスピアは、ローマ時代の劇作家プラウトゥスが書いた『メナエクムス兄弟』の筋書きに、登場人物が人違いをするという要素を付け足しておかしさを倍増させ、『間違いの喜劇』を書き上げた。[1] だが21世紀の科学によって、プラウトゥスもシェイクスピアも気づかなかった、間違いのおかしさにまつわるまったく新たな事実が見つかっている。

間違いは喜劇のネタに使われるだけでなく、私たちが感じるおかしさのおおもとにもなっている。人間の脳の中には、間違いを見つける専門の領域がある。間違いを分析して予想と比べ、面白いと判断された間違いが頭の中を駆けめぐって笑いを引き起こすのだ。この発見によって科学と芸術が思いがけない出合いを果たし、パブで出会った見知らぬ人どうしのように、ジョークをめぐってがっちりと手を組んだ。本書は、その思いがけず実り多い出合いを描いた本だ。そこから出てくるさまざまな疑問を取り上げて、飛び交うさまざまなジョークを味わい、笑い話の意味を掘り下げていく。

面白い間違いとそうでない間違いがあるのはなぜだろうか？　なぜ笑いはひとりでに起こり、まわりの人に伝染するのだろうか？　どんな文化にも笑いは存在するし、別の言語を話す人でも笑い声は聞けば分かる。赤ん坊も笑うという行動を、目も開かず耳も聞こえないうちから身につけている。[2]このような特徴から考えると、笑いが人間の心にもとから備わっているのはほぼ間違いないし、私のような進化生物学者だと「笑いは何の役に立っているのか？」というお決まりの疑問が即座に浮かんでくる。この疑問に答えるのが本書の最終目標である。進化によってなぜ私たちは笑うようになったのだろうか？

私は進化生物学者で、これまでは人間の心よりももっぱら植物のなぜを調べてきたので、この分野ではいわばもぐりだ。調べたところ、アリストテレス（前384–前322）[3]以降、アンリ・ベルクソン、チャールズ・ダーウィン、ルネ・デカルト、ジグムント・フロイト、トマス・ホッブズ、イマヌエル・カント、アルトゥル・ショーペンハウアーなど、錚々たる偉人が笑いについて書いている。

最近のある学者は、「学者が笑いについて偉そうに語ることほど興ざめするものはない」[4]と断った上で、まさにその言葉を自ら証明している。しかし偉そうな言葉もときにはウケることがある。

教皇は何で支払いをする？
PayPalで。〔訳注　同じ発音のpapal（教皇の）と掛けている〕

笑いの学者たちは何を目指しているのだろうか？　ピエロのような恰好でもしたいのだろうか？　それならふつうの学者と見分けがつく。おっと、話が脱線した。*The Primer of Humor Research*（ユーモア研究入門）の編者であるユーモア研究界の重鎮は、私のように首を突っ込んでくる人間を「見慣れぬ害虫」呼ばわりして[5]、ジョークのセンスがないと斬り捨てる。学者が笑われるのを怖がって、エンターテイナーが笑われないのを怖がるなんて、何て不思議な世界だ。

学術書*Handbook of Humor Research*（ユーモア研究ハンドブック）の編者は、「理由はよく分からないが、多くの研究者はユーモア研究の論文を1本か2本出しただけで、他の研究分野に移ってしまう[6]」と嘆いている。重鎮の容赦ない言葉に逃げ出してしまうのかもしれない。ナメクジ研究者も同じように長くは続かない。笑いも軟体動物も、学者にとっては鬼門らしい。どうやら、深入りしないほうがいい分野というものがあるようだ。

ある男が映画館に入って席に座ると、隣の席に大きなナメクジ(slug)が座っていた。

男は驚いて、「ここで何をしてるんだ?」と聞いた。

するとナメクジはこう答えた。「脚本が気に入ったんだ」〔訳注　台本のト書きのことをslugという〕

ナメクジもそれにまつわるジョークも、いっさい道案内にはならない。ユーモアを解明する長い道のりでは、そこいら中に袋小路が待ち受けているのだ。

ユーモアと笑い

ロボットにジョークを言わせる方法を論じたある論文の冒頭に、「第一に笑いはユーモアと強く結びついている」と書いてある。[7]「当たり前じゃないか!」と突っかかりたくなるかもしれないが、笑いとユーモアははっきりと区別しなければならない。ユーモアは刺激で、笑いはそれに対する反応だ。この2つは別々のもので、スタンダップコメディアンなら身に染みて分かっているとおり、どちらか一方しか起こらないこともある。

大物コメディアンのケン・ダッド卿（１９２７－２０１８）は、コメディーの腕を「笑ってもらうためのユーモアの芸当」と定義している。[8] ナメクジのジョークのように、ユーモアだと分かっても声を出して笑うほどではないジョークもある。逆に、ユーモアという刺激がなくてもくすぐられたら笑ってしまう。心をくすぐるジョークはいろいろなことを教えてくれそうだ。

スケベとヘンタイの違いは？
スケベは鳥の羽根を使う。ヘンタイはニワトリを丸ごと使う。

笑いについて誰でも直感的に知っていることが２つある。笑いは社会現象であるということと、どんなユーモアでも人が面白がらないと笑いにならないということだ。心理学者のロバート・プロヴァインは、いろいろな会話を盗み聞きして、たいていの笑いが起こるのは誰かが面白いことを言ったときではなく、ふつうのやり取りの最中だということを発見した。[9] バーなど人が集まっているところに行っておしゃべりに耳を傾ければ、誰でも確かめられる。私も確かめてみたところ、そのとおりだった。チャールズ・ダーウィンもそれを知っていて、「成人している若者は気分がハイで、いつも意味なく笑っている」と1872年に書いている[10]。

ユーモアがどういうふうに作用して、なぜ私たちは笑うのか、それを解き明かすことはできるのだろうか？　それはまるで、風船のからくりを針を使って調べようとするようなものだろうか？　ジョークを説明すると、面白さが膨らむどころかしぼんでしまうのはなぜだろうか？　のちほど掘り下げるとおり、それは科学で説明できる。しかし、美しいものや楽しいものを分析しようとすると、その瞬間にそれが壊れて台無しになってしまうとも言われている。ちょうど、ドクドクしている心臓をメスを使って調べようとするようなものだというのだ。だが私は、けっしてそんなことはないと断言する。笑いのしくみを解明すれば、楽しさは減るどころか増えるのだ。本書はこの仮説を検証する本である。

本書で解き明かそうとするもの

笑いはたいていひとりでに起こるものであって、ユーモアを聞いて笑う場面はそう多くはないが、本書ではジョークを道具として使って笑いを掘り下げていく。選んだのは、まず笑ってしまって、それから考えさせられるようなジョークだ。

実はそのような科学研究に与えられる、イグノーベル賞という賞がある。２０１８年にオレゴン州ポートランドの外科医チームが、「男性器が適切に機能するかどうかを切手を使って確認する方法」の研究でイグノーベル賞を受賞した。どうなれば男性器が適切に機能していることになるのだろうか？　外科医たちは切手を使って、勃起不全かどうかを睡眠中に診断する安価な方法を考案したのだ[11]。もちろん安上がりに済ませるには普通郵便の切手を使わないといけない。１列につながった切手を例の器官にぴったり巻き付けて、ベッドに入る。朝目覚めたときに切手がミシン目のところでちぎれていれば、パートナーに笑顔で「おはよう」と言ってあげられる。切手収集もたまには役に立つのだ。

本書の構成は以下のようにとてもシンプルだ。第１章はもうおしまい。第２章ではユーモアという昆虫を捕まえて地面に押さえつけ、定義という網をかぶせて逃げられないようにする。これまでは幽霊のように逃げられてしまうのが常だったが、本書では、見て見ぬふりをしながらこっそり忍び寄って、うまく手なずけるつもりだ。第３章では、身をくねらせるユーモアを顕微鏡で詳しく観察して、何でできているかを調べる。

第4章では、どうして人間だけが笑うように進化したのかという根源的な疑問に迫り、なぜ笑いは伝染するのかを解き明かす。第5章では笑顔に対峙し、第6章では、人間が進化する上で笑いがどのように役立ったのかを明らかにする。最後の第7章では、込み入った笑いの生物学的メカニズムに基づいて、どのような文化が築かれてきたかに目を向ける。大胆にもタブーに切り込んで、聴覚障害者のジョーク、音楽のジョーク、ユダヤ人のジョークのどこが特別で面白いのかも掘り下げる。あるユーモア研究者は、「テーマがユーモアだけに、ジョークを言う研究なんだと思っている人が多い」と嘆いている。[12] さっき言ったとおり、そんなことはないのだ。

chapter

2

ユーモアと心

なぜ笑うのか、何が面白いのか

ユーモアの真髄を探る試みは、錬金術師が賢者の石を探しはじめるよりも昔からおこなわれてきた。しかしW・C・フィールズ（1880－1946）のような大物コメディアンでも、それを突き止めることはできなかった。

コメディーで一番面白いのは、なぜ人が笑うのかどうしても分からないことだ。何に人が笑うのかは分かるけれど、なぜそれに笑うのかを知ろうとするのは、水桶からウナギをつかみ上げるようなものなのだ。[1]

そのため、ユーモアの何が面白いのかについてはいろいろな説があって、合計するとその数は100を超える。[2] 6人の盲人がゾウの姿を把握しようとするという仏教の有名な寓話のように、ユーモアに関するほとんどの説は真理のごく一端しかとらえていない。この寓話では、1人目の盲人がゾウの側面にぶつかって、「この動物は壁のようだ」と言う。2人目は牙に触って、「ゾウは槍のようだ」と言う。3人目はくねくねした鼻を触って、「ゾウはヘビのようだ」と思う。４人目はがっしりした足を触って、「木だ」と言う。５人目は耳ではたかれて、「ゾウはうちわのようだ」と思い込む。そして６人目は揺れ動く尻尾をつかんで、「ゾウはロープそっくりだ」と決めつける。アメリカの詩人ジョン・ゴドフリー・サックスの詩では、最後は次のようになる。[3]

そのためこのインド人たちは
延々と大声で言い争った。
おのおの自分の意見を曲げず
頑固に言い張った。
それぞれ部分的には正しかったものの
みな間違っていたのだ！

エディンバラのコメディー・ショー

コメディーという獣の正体を見抜くには、本来の生息地で観察する必要がある。そこでエディンバラの街なかに行ってみよう。ここで毎年8月に開かれるフェスティバル・フリンジでは、音楽や劇、芸術作品や文芸作品に混じって、およそありとあらゆるスタイルや雰囲気のコメディーを観ることができる。その多様なコメディーのすべてに共通するユーモアの真髄というものがあるとしたら、ここでこそ見つけられるはずだ。

中でも最大規模のコメディーの舞台であるプレザンスは、ホリールード・パークの端にある。人混みをかき分けていくと、酔っ払いはもちろんのこと、モツ煮やクリームスープやハンバーガーといったスコットランド名物をほおばる人たちでぎっしりだ。8月のスコットランドのジメジメした夕方の空気に、おいしそうなにおいが漂っている。18世紀、街外れのプレザンスは売春婦の溜まり場だった。いまでも手軽にスリルが感じられるが、それが見られるのは、朝から晩まで1時間ごとに20以上の舞台で同時に開かれるショーだ。

どれを観たらいいかなかなか選べない。タイムテーブルを見ると、どのショーも絶対見逃せないように思えてくる。フランス人一座によるフィッシュボウルというパントマイムショーは、人間の境遇についての笑いを誘いながら、孤独や友情というテーマに触れていく。気候科学者でスタンダップコメディアンでもあるマット・ウィニングは、地球温暖化を笑いにしながら、いますぐに行動を起こすべきだというメッセージを観客にはっきりと伝える。このほかに、移民やフェミニスト、有色人種やＬＧＢＴといった境遇にユーモアを見出すパフォーマーもいる。

今年は政治を風刺したコメディーがあまり見られなくて残念だった。それはきっと、有名な政治家、とりわけドナルド・トランプなんて自分で自分のことを風刺しているし、ツイッターをやれば政治風刺劇なんて見放題だからだろう。今年出場した数少ない風刺コメディアンの一人は、観客を笑いのネタにした。その紹介文は次のとおり。「ティターニア・マグラスはマイノリティーを題材にした過激な詩人で、フェミニズム、社会正義、武装した平和的抗議活動に打ち込んでいる。ネット活動の最前線に立つ２０００年代のアイドルとして、独特の立場から、あなたがなぜ間違いばかり犯しているのか、どうしたら本当に目覚められるのかを説いてくれる」[4]。このショーは保守派のマスコミから喝采を浴びている。

古代ギリシャ人のユーモア

プレザンスで演じられるパフォーマンスは多種多彩で、人が面白いと思う事柄が尽きることなんてないように思える。だが本当にそうだろうか？　ユーモアの真髄は、賢者の石のように想像の産物なのだろうか？　古代ギリシャの哲学者アリストテレスは、ユーモアという獣の巨大な身体に近づいてそのお尻をつかみ、ユーモアの真髄はばかばかしさだと結論づけた。そして、「喜劇の狙いは人を実際よりも悪く表現することで、悲劇の狙いは人を実際の人生よりも良く表現することだ[5]」と、わざと皮肉を込めて書いている。悲劇的なことに、アリストテレスが喜劇について書いた書物は完全に失われてしまっている。それをネタにイギリスのコメディアン、アーサー・スミスは、「傑作コメディーには3つの基本原則がある。でも残念なことに、誰もそれを思い出せない」と言っている。

　アリストテレスも、ホメロスの『オデュッセイア』で主人公オデュッセウスが放ったジョークならよく知っていたはずだ。オデュッセウスと部下たちはシチリア島のある洞窟に逃げ込んだが、その洞窟は人を食う一つ目の巨人ポリュペモスの住処だった。洞窟に戻ってきたポリュペモスは、オデュッセウスの部下6人を平らげてしまう。そこでオデュッセウスはポリュペモスにワインを飲ませた。べロべロになったポリュペモスはオデュッセウスに、名前を教えてくれたらいいようにしてやろうと約束する。オデュッセウスが「私の名前は〝誰でもない〟だ」と答えると、巨人はその見返りに、「〝誰でもない〟を食べるのは最後にしてやろう」と言った。ポリュペモスが酔っ払って気を失うと、オデュッセウスはその目に木の杭を打ち込んだ。ポリュペモスは大声を上げ、仲間の巨人たちに「助けてくれ！　〝誰でもない〟が俺の目を潰した！」と叫んだ。しかしそれを聞いた巨人たちは、ポリュペモスは悪い夢を見ているに違いないと思い込んで、当たり前のように無視した。翌朝、オデュッセウスと生き残った部下たちは、巨人の飼っているヒツジが草を食みに外へ出ていくのに乗じて、その腹にしがみついて洞窟から脱出したのだった。

現存する最古のジョーク集『フィロゲロス』（ギリシャ語で「冗談を言う人」という意味）を読むと、古代ギリシャ人が何に笑っていたかが何となく分かる。[6] 現存する版は、ローマ帝国がブリテン島から撤退した頃にラテン語で書かれた。もしかしたらローマ人たちは、太陽がさんさんと降り注ぐイタリアの海辺を恋しがって、雨ばかりの土地からどうしても逃げ帰りたくなり、ジョークで気持ちを盛り上げるしかなかったのだろうか？　そうかもしれない。このジョーク集はラテン語で書かれていながらも、ローマの文芸作品の多くと同じく、至るところにギリシャ風の特徴が見られる。ギリシャ人が蔑む人たちをバカにしたジョークが満載で、たとえばフェニキアの町シドンの住民をあげつらった次のようなジョークが載っている。

シドンの法律家が2人の友人とおしゃべりをしている。1人が、「ヒツジは乳と毛を与えてくれるのだから、ヒツジを殺すのは良くない」と言った。もう1人が、「ウシは乳を与えてくれるし鋤《すき》を引いてくれるのだから、ウシを殺すのは良くない」と言った。するとと法律家はこう付け足した。「ならブタを殺すのも良くない。何しろ肝とベーコンと切り身を与えてくれるんだからな」

このほかに『フィロゲロス』に挙げられているジョークには、気むずかし屋や臆病者、でぶや間抜け、丁稚《でっち》や奴隷をからかったものもある。

せっかく買った奴隷が死んでしまった。そこで奴隷商人のところに行って、「お前から買った奴隷が死んだぞ」と文句を言った。商人が何て言い返したか分かるかい？　「俺のせいじゃない。俺のところにいるときは生きてたんだからな」

優越感を抱かせる

古代ギリシャ以降、ユーモアは延々と進化してきた。いや、はたしてそうだろうか？　この死んだ奴隷のジョークは、モンティ・パイソンの有名な死んだオウムのコント〔訳注　死んでいるオウムを客に売りつけた店員がのらりくらりと言い逃れをする〕とそう違わないのでは？　あるコント作家は、「古くさいジョークなんてない。前に聞いたことがあるジョークばかりだ」と言っている。

ユーモアの中には他人を笑いものにしたものがかなり多い。イギリスの哲学者トマス・ホッブズ（1588-1679）いわく、[7]ネタにされている人よりも自分のほうが優れていると気づいて「突然優越感を抱くこと」、それが笑いである。オデュッセウスも、船で逃げながら巨人に自分の本当の名前を叫んでバカにしたとき、突然優越感を抱いたはずだ。オデュッセウスに逃げられたポリュペモスが海に投げつけたとされる岩が、いまでもシチリア島の沖合に残っている。

お笑いコンビのローレル＆ハーディの映画や、バッグス・バニーなどのスラップスティック（ドタバタ喜劇）は、ホッブズの言うタイプのユーモアを無害にしたものだと言える。映画『僕たちのラストステージ』でローレルとハーディがピアノをかついで急な階段を上ろうとするのはおかしくてたまらないが、2人がピアノに押しつぶされる危険はないと分かっていないと心から笑えない。トムとジェリーもマンガの中でいつも戦っているが、最後にトムがジェリーを捕まえて食べてしまったらもう笑えないだろう。「スラップスティック」という言葉の由来になったのは、16世紀、イタリアの即興喜劇（コメディア・デラルテ）に使われた「バタッチオ」という棒《スティック》状の道具である。2本の木片がちょうつがいでつながっていて、ボケ役を叩《スラップ》いたときにパシンという大きな音が出る。怪我をさせずにコミカルな効果を出すのに重要な道具だ。

　実際に相手の身体を傷つけてしまったら誰も笑わないが、優越感を抱かせるユーモアには犠牲者が付きものだ。ホッブズ流のブラックユーモアである2つのジャンル、女性差別的なジョークと人種差別的なジョークの多くは、姑の醜さとか、アイルランド人や金髪女性の愚かさとかをネタにしている。あなたも聞いたことがあるだろうから、ここではあえて紹介しない。喜ばしいことに最近では、女性蔑視に代わってフェミニストのジョークが増えつつある。次のジョークでは、男女の考え方の違いを細かい文法で表現している。

英語教師が黒板に'A woman without her man is nothing'という文を書いて、生徒たちに句読点を付けるよう言った。男子生徒は'A woman, without her man, is nothing'（女は男がいないと役立たず）と付けた。女子生徒は'A woman: without her, man is nothing'（女がいないと男は役立たず）と付けた。

先入観をひっくり返す

数学好きな人には次のようなジョークもある。

2人の数学者がレストランでディナーをしながら、一般人の平均的な数学の知識がどの程度のものか言い争っていた。1人は「どうしようもなく低い」と言い張り、もう1人は「驚くほど高い」と言って譲らない。そこで皮肉屋のほうの数学者が、「あのウエイトレスに何か単純な数学の問題を出そう。正解したら俺がおごるよ。間違えたらお前がおごれ」と持ちかけた。そうしてトイレに立ったので、その隙にもう1人の数学者がウエイトレスを呼んで、「あいつが戻ってきたら君にある問題を出すから、『3分の1掛けるxの3乗』って答えてくれ。20ポンドあげるからさ」と頼んだ。ウエイトレスは話に乗った。やがて皮肉屋の数学者がトイレから戻ってきて、そのウエイトレスを呼び、「おいしかったよ、ごちそうさま」と言った。そこでもう1人の数学者が、「ところで君、xの2乗の積分が何か知ってるかい？」と質問した。ウエイトレスは必死で考え込むふりをした。部屋中を見渡して足元に視線を向け、ブツブツとつぶやいてからようやく答えた。「えーと、3分の1掛けるxの3乗？」皮肉屋は食事代を払った。するとウエイトレスは向こうを向いて数歩進んでから、2人の数学者のほうに振り返り、小声で付け足した。「……プラス定数[8]」〔訳注　不定積分には必ず定数項が付く〕

どんなジョークにも、先入観をひっくり返すようなオチが付きものだ。2人の数学者が賭けをするこのジョークのように、その先入観がフリとして示されることもある。一方、短いジョークだと、すでに文化に刷り込まれている先入観を踏まえてオチが付けられることもある。作家のレベッカ・ウェストは、女性を蔑視するある作家のことを‘every inch a gentleman（一分の隙もない紳士）’でなく‘every other inch a gentleman（中途半端な紳士）’と呼んでこき下ろした。使い古された褒め言葉にたった1語付け足すだけで、男らしさを否定するウィットに富んだ痛烈な一言に変身するのだ。[9]

もとから頭の中にある先入観を使ったジョークは、聞く人の偏見を赤裸々に暴くこともある。

黒人のパイロットのことを何て言う？
パイロットだろ。〔訳注　黒人なんてパイロットになれそうにないという偏見を持っているから、パイロットという名前の人物だと答えている〕

メル・ブルックス監督の名作コメディー映画『ブレージングサドル』も、「黒人の保安官《シェリフ》のことを何て言う？　シェリフだろ」という基本的に同じジョークを軸に話が展開する。そうして西部劇を面白おかしく風刺している。

政治家をこき下ろすジョーク

18世紀のイングランドの政治や社会をからかったジョナサン・スウィフト作『ガリヴァー旅行記』から、21世紀のアメリカを舞台に同じことをしたテレビ番組『ザ・デイリー・ショー』まで、風刺というジャンルは、ホッブズ流のユーモアとして毎週何千万もの人に優越感を味わわせている。マイノリティーや女性をネタにしたジョークは、風刺的なユーモアと違って相手をこき下ろす。1980年代のイスラエルの政治家デイヴィッド・レヴィは、その愚かさをネタにしたありとあらゆるジョークで容赦なくバカにされた。同じ方法はもちろんあなたの国の政治家にも通用する。

ある日、レヴィの秘書が、ボスの帰り道で交通障害が発生しているというニュースを聞いた。そこでボスの携帯に掛けてこう伝えた。「デイヴィッド、高速道路を1台の逆走車が走っているってニュースで言っています。注意してください！」

するとデイヴィッド・レヴィはこう答えた。「確かにな。でも1台じゃ

なくて何百台も逆走してるぞ!」

最後には面と向かってジョークのネタにされてしまう。

飛行機の機内で1人の男が隣の乗客のほうを向き、会話のきっかけにジョークを言おうとした。

「なぁ、デイヴィッド・レヴィは最近どうしてるか知ってるかい?」

「あ?　何だって?　俺がデイヴィッド・レヴィだ」

「おお、そうか。ならゆっくり話すよ」

色褪せないジョーク

ホッブズは、「笑いを誘うものはすべて、新しくて予想を裏切るものでなければならない」と述べている。新しさと驚きはユーモアにとって欠かせないもので、その理由はのちほど探っていくことにする。とはいっても、必ずしも時代の先端を走っている必要はなく、聞く人にとって新しければウケる。19世紀のイギリスの政治家ベンジャミン・ディズレーリ（1804-1881）やウィリアム・グラッドストーン（1809-1898）が誰なのかまったく知らなくても、ディズレーリがグラッドストーンに言った次の言葉は、聞いたことがない人にとってはやはり愉快だ。

「不運と災難の違いはこうだ。グラッドストーンがテムズ川に落ちたらそれは不運で、誰かがグラッドストーンを再び突き落としたらそれは災難だ[10]**」**

弁護士はよくホッブズ流のジョークのネタにされているが、気にしてはいないようだ。

4人の外科医が休憩しながら仕事のことを話し合っていた。1人目がこう言った。「一番手術しやすいのは会計士だよ。腹を開けたら全部数字が振ってあるんだから」

2人目はこう言った。「一番手術しやすいのは司書さ。腹を開けたら全

部ＡＢＣ順に並んでいるんだから」

３人目はこう言った。「俺は電気技師の手術が好きだな。腹を開けたら全部色分けされているんだから」

すると４人目がこう言った。「俺は弁護士の手術がいいな。心臓も背骨も腸もないし(heartless, spineless, gutless)、頭とケツは取り替えられるんだから」[11]〔訳注　heartless は「無慈悲」、spineless は「優柔不断」、gutless は「臆病」という意味〕

ホッブズ流のジョークの中には、タイムカプセルのようにいつまで経っても色褪せないものもある。２人の登場人物が張り合って、最後に一方がもう一方をお約束のオチでギャフンと言わせる。


男が髪を切りに行きつけの理髪店に行った。そしていつものように、次の休みはどうするかという話題になった。

「イタリアに１週間行くつもりなんだ。かみさんもすごく楽しみにしてるよ」

すると理髪店の主人がこう言った。「イタリアですか？　やめたほうが

いいですよ！　ものすごく暑いし、混んでるし、食べ物もひどいです
よ」
「でももう予定は変更できないし、かみさんはどうしてもローマを見た
がってるんだ」
「ローマですか？　絶対やめたほうがいいですよ！　すごい渋滞だし、
どこもかしこもぼろぼろですよ！　どこに泊まるんですか？」
「ローマ・ヒルトンのエグゼクティブスイートを予約してるんだ」
「ヒルトンなんかに泊まっちゃだめです！　一度泊まったことがありま
すが、人生最悪の経験でしたよ」
1か月後、イタリア旅行で日に焼けた客が再び理髪店にやって来た。主
人は「どうでした？　ひどかったでしょう？」と聞いた。
「いや、ローマに行ってバチカンを訪れたんだ。すると1人の司祭がシ
スティーナ礼拝堂に入れてくれたんだ」
「システィーナ礼拝堂ですか？　たいしたことなかったでしょう？」
「すると小さい扉が開いて、教皇が出てきて話しかけてきたんだ」
「それはすごいですね。何て言われたんですか？」

「教皇はこう言ったんだ。『我が子よ。私は毎週日曜日、サン・ピエトロ広場を見下ろすバルコニーに立って、眼下に何千もの頭を見ながら人々に祝福を授けている。教皇になってから何年ものあいだ日曜日のたびに見ているが、お前みたいなひどい髪型は一度も見たことがない』」

自虐的なユーモア

ホッブズによると、人はときに以前の自分を笑い飛ばすことで、いまはもっと賢いことを見せつけたがるのだという。そんな線に沿ったジョークの一つとして、私の父が理髪店で聞いたものを紹介しよう。

1人の人食い人が2週間の休暇旅行に出発した。カヌーで川を下る彼を友人たちは見送り、見えなくなるまで手を振った。2週間後、土産話が待ちきれない友人たちが川岸で待っていると、川の湾曲部から彼が姿を現してきた。彼はカヌーを岸に着け、片足で立ち上がり、木の枝を松葉杖代わりにして川岸に飛び降りた。片足がなくなっているのを見て友人たちはびっくりした。「いったいどうしたんだ?」「ああ、最高の休日だったよ。でも自炊だったのさ」

このようなホッブズ流のジョークに少し手を加えると、自虐的なユーモアになる。アメリカのコメディアン、ロドニー・デンジャーフィールド(1921-2004)は、自分をネタにしたジョークで舞台にテレビに大活躍した。キャッチフレーズは「誰も尊敬してくれなくていい」

俺はセックスが下手。のぞき魔にバカにされたことがあるんだ。

俺はバイセクシャル(bisexual)。セックスは年に2回さ。〔訳注 接頭辞bi-は「2」という意味〕

この前、女の子が電話を掛けてきてこう言ったんだ。「うちに来て。誰もいないから」。行ってみると本当に誰もいやしなかった。

ゆうべ、玄関のところでかみさんと出くわした。セクシーなネグリジェを着てたんだ。ただし、かみさんは帰ってきたところだったんだがね。

ある研究によると、自虐的なジョークを言うのは目の出ない二流コメディアンだそうだが、[12]デンジャーフィールドならそれを聞いてもいっさい気にしないだろう。自虐的なユーモアは、ダメ人間を演じないといけないのでウケを取るのが難しい。パブで連れに話すようなジョークではないし、おごりたくないならなおさらやめたほうがいい。スコットランドのコメディアン、アーノルド・ブラウンは、その手のジョークの達人だ。

俺は自虐的なコメディーのテクニックを進んで使ってる。でもあんまりうまくないんだ。

プロへのハシゴを登りはじめたコメディアンにぴったりの、入門レベルの自虐的ジョークを1つ紹介しよう。

俺は段バシゴを持ってる。すごくいい段バシゴだ。でも悲しいことに、本物のハシゴは一度も見たことがないんだ。

この手のジョークで一番ウケたのは、イギリスのエンターテイナー、ボブ・モンクハウス（1928-2003）のネタだ。

「コメディアンになりたいんだ」って言ったときはみんなに笑われた。でもいまじゃ誰も笑ってくれない。

人間が出てこないのに面白いジョーク

アリストテレスとホッブズは優越感仮説に基づいてユーモアの重要な特徴を突き止めたが、それでもユーモアという獣の足とお尻を捕まえたにすぎない。ユーモアの完全な理論を組み立てるには、オチも犠牲者もないだじゃれがなぜ面白いのかを説明できなければならない。以下の例のように、人間がいっさい出てこないものもある。

Time flies like an arrow, fruit flies like a banana.〔時間は矢のように過ぎ、小バエはバナナが好き〔訳注 flies (fly) には「飛び去る」と「ハエ」という2つの意味が、like には「……のように」と「好きである」という2つの意味がある〕〕

鳴かないブタは不満を抱えている(disgruntled)のか？〔訳注 dis- は否定を表す接頭辞、gruntle は「ブーブー言う」という意味〕

unlawfulとillegalの違いは何？

unlawfulは法律に背いているという意味で、illegalは病気の鳥のこと。

〔訳注 どちらも「非合法の」という意味。illegal をill（病気の）とegalに分けて、後半をeagle（ワシ）に掛けている〕

動物園に行ったらイヌ1匹しかいなかった。シーズー(shih tzu)だった。
〔訳注 shit zoo（くそ動物園）に掛けている〕

バイリンガルなだじゃれもある。

「ワン・ツー・スリー」というイギリスのネコが、「アン・ドゥ・トロア」というフランスのネコと水泳で競争した。どっちが勝ったって？　イギリスのネコさ。「アン・ドゥ・トロア」は沈んでしまったからね。(‘Undeux-trois cat《キャット》 sank《サンク》’)[13]〔訳注　フランス語の‘un deux trois quatre《カトル》 cinq《サンク》’(1,2,3,4,5)に掛けている〕

フロイトいわく、fear（恐怖）とsex《セックス》のあいだには何が来る？　Fünf.〔訳注　ドイツ語で4, 5, 6をそれぞれvier《フィアー》, fünf《ヒュンフ》, sechs《ゼックス》と言う〕

フロイトのユーモア理論

優越感を抱かせなくてもユーモアが成り立つとしたら、あらゆるユーモアに欠かせない要素がほかにあるのだろうか？　精神分析の開発者ジグムント・フロイト（1856−

1939）は、ジョークを大量に収集していた。普段はタブーとされている隠れた心理が、ジョークを言うことで解放されると信じていたのだ。

精神分析医が患者に、「お母さんのもとを訪ねてどうでした？」と聞いた。
「最悪でした。とんでもないフロイト的失言をしちゃったんです」
「何て言ったんですか？」
「『塩を取ってくれる？』と言おうとしたんですが、口から出てきた言葉は『くそばばあ。俺の人生台無しにしやがって！』だったんです」

フロイト的失言を定義づけするなら、「あることを言おうとしたのに、つい違うことを言ってしまった」となる。無意識の話になると、決まって客観的解釈という問題が付きまとってくる。

精神分析医が患者にインクのしみを見せて、何に見えるかと尋ねた。すると患者は「男女がセックスしています」と答えた。

2枚目のインクのしみを見せると、「別の男女がセックスしています」という答え。

そこで精神分析医は言った。「あなたはセックスに取りつかれています！」

すると患者はこう言い返した。「何ですって？ 私が取りつかれているですって？ こんな汚らわしい絵を集めているのは先生のほうじゃないですか[14]」


何でもかんでも性的な象徴にしたがるフロイトに、ある人が「じゃああなたがいつもくわえている葉巻は何の象徴ですか？」と聞いた。するとさすがのフロイトも、「葉巻はただの葉巻だ」と答えた（同じく葉巻が大好きなグルーチョ・マルクスも首を縦に振っただろう）。著書*Der Witz und seine Beziehung zum Unbewussten*（ウィットおよびその無意識との関連性）の中でフロイトは、ユーモアの真髄を見極めるためにほかの研究者がおこなった観察の結果から、一般的な精神分析理論を導こうとした。フロイトが収集したジョークの中から、たびたび取り上げられているものを1つ紹介しよう。

ディナーの席に着いている男がマヨネーズに手を突っ込んで、自分の髪に手櫛を入れた。隣の人が驚くと、その男はこう言って詫びた。「あっ！すみません。ホウレンソウと間違えました[15]」

意味のある事柄とナンセンス《センス》が並んだジョークを聞くと、人はしばし戸惑ってから、ぱっとオチを理解する。フロイトは自らの精神分析理論を使って、そのからくりを説明しようとした。ほとんどのジョークにはセンスとナンセンスの両方が含まれている。フリで戸惑わせてから、オチでネタばらしをする。フロイトは、オチを聞いていわば精神的なカタルシスが起こることで、ジョークを面白いと感じるのだと結論づけた。そしてさまざまなジョークを丹念に分析した。たとえば次のジョークでは、ロジックが破綻する。

紳士がケーキ屋に入ってケーキを注文したが、すぐにそれを返して代わりにリキュールをくれと言った。そしてそれを飲み干して、お代を払わずに出ていこうとした。店主は紳士を引き留めた。
「何ですか？」と紳士が聞いた。

「リキュールのお代を頂いていませんよ」
「でも代わりにケーキを渡したじゃないですか」
「そのお代も払っていませんよ」
「でも食べませんでしたが」

フロイトは、この客と店主のやり取りが本当にジョークかどうか判断しかねた。どうやらフロイトは、自分のユーモアセンスよりもジョークに対する先入観のほうを優先したらしい。とはいえ、フロイトがこのジョークを書いたのは、マルクス兄弟が早口の掛け合いで成功するよりも前のことだったのだから、しかたなかったのかもしれない。

ある朝、俺はパジャマを着てゾウを撃った(One morning I shot an elephant in my pyjamas)。ゾウがどうやって俺のパジャマを着たんだろう？[16]〔訳注　「俺のパジャマを着たゾウを撃った」とも読める〕

マルクス兄弟のジョーク

グルーチョ・マルクスは、フロイトが見落とした「ユーモアとはロジックが破綻することだ」という点に気づいた。マルクス兄弟の映画は論理破綻の最たる例だ。ユーモアがカタルシスを引き起こすのは間違いないが、フロイトの理論によれば、マルクス兄弟の映画はナンセンスなだけに、観ているうちにどんどん笑えなくなっていくはずだ。だが実際にはその逆である。どんなコメディアンも、場を温めることが大事だとわきまえている。気分が盛り上がれば盛り上がるほど、次のギャグを聞いたときに笑いたくなってしまう。

コメディアンは客の気分を盛り上げるために、次々にギャグを畳みかけようとする。ケン・ダッドは1分間にギャグ6つを基準にしていて、そのペースを永遠に続けられそうだった。客の誰かが腕時計に目をやるのに気づくと、ケン・ダッドは「俺のショーには腕時計なんてしてこなくていい。代わりにカレンダーを持ってきてくれ」と言った。ギネスブックによると、1時間にもっともたくさんのジョークを言った記録を持っているのはティム・ヴァインで、60分間で客を499回笑わせたという[17]。ヴァインのお得意はくだらないだじゃれで、ときには風刺のひねりが入ることもあった。

conjunctivitis.com――目が痛い人のためのサイトだってさ。[18]〔訳注 conjunctivitis（結膜炎）だとこんな複雑な単語は読めないというオチ〕

今日、誰かが俺の運転を褒めてくれた。フロントガラスに小さいメモが挟んであったんだ。そこには'Parking Fine'って書いてあった。嬉しかったよ。〔訳注 「駐車違反の罰金」という意味だが、「駐車がうまい」とも読める〕

新聞の死亡記事を読んでいた。'Mars bar, packet of Rolos, Double Decker'〔訳注 いずれもチョコレート菓子の商品名〕って書いてあった。そこで、実は「ちょっと噛みごたえのある記事」を読んでたんだって気づいたのさ。

フロイトのユーモア理論は、延々と笑いを取れるコメディアンたちによって間違いであることが証明されている。そこでマルクス兄弟のユーモアに注目すると、あらゆるユーモアに共通していそうな1つの特徴が浮かび上がってくる。それは不調和という要素である。フリとオチが別々の方向を向いていて、その不調和がめちゃくちゃなロジックで解消されるということだ。本書で紹介するどのジョークにも、何らかの不調和が含まれている。あなたが考えられるどんなジョークでもそうだろう。150年前にチャールズ・ダーウィンは、人が笑う理由が複雑であることにも惑わされずに、持ち前の洞察力でこの点をズバリと指摘した。

不調和で説明がつかない事柄は、笑う人に驚きやある種の優越感を与えて、楽しい気分にさせる。これがもっとも一般的な笑いの原因だと思われる。場面状況は重要な要素ではない。[19]

カントのユーモア理論

アリストテレスもユーモアには不調和が大事であることに気づいていたかもしれないが[20]、この説を初めて示したのは、1790年に『判断力批判』を書いた哲学者のイマヌエル・カント（１７２４‐１８０４）だとされている。[21]

カントという名前はすごくシンプルだが、逆にすぐには出てこないし、少なくともなかなかはっきりとは発音できない名前の人物もいる。ニューヨークにあるコロンビア大学の哲学教授シドニー・モーゲンベッサーは、あるとき地下鉄の出口から出ながらパイプに火をつけて、警官に捕まった。そこで「駅構内は禁煙だが、火をつけたのは外だった」と言い張った。警官は、「分かった。でもお前を見逃したら、全員見逃すしかなくなる」と言った。するとモーゲンベッサーは、「何様のつもりだ？　カント（Kant）か？」と口答えした。[22] 数時間後、別の哲学教授が警察に出向いて、彼が使った4文字言葉は固有名詞であって罵りの言葉ではないと説明し、モーゲンベッサーはようやく留置所から出てこられたのだった〔訳注　Kantはcunt（女性器またはバカ女という意味）と同じ発音〕。

モーゲンベッサーは、「すべての人間を法の下で平等に扱うべし」というカントの定言命法を引き合いに出したのだった。しかし、それを駅の警官に分かれと期待するのは無理があるだろう。世の中の全員がカントのファンだなんてことはない。哲学者のバートランド・ラッセルは次のように言ったとされている。

カント以前の哲学者はそれ以後の哲学者と比べてとてつもなく有利

だった。カントを研究して時間を無駄にせずに済んだのだから。

カントのユーモア理論によると、笑いは「張り詰めた期待が無になった」ときに起こるのだという。モーゲンベッサーを放免すべきだった先ほどの警官が、このジョークを理解できたとは思えない。説明を聞いてしまったらジョークなんて面白くなくなる。カントは自らの理論の実例として、いくつか恣意的なジョークを作っている。その中でも一番ウケるのが、皮肉のこもった次のジョークである。

金持ちの相続人が、身内の葬式で十分な弔意を示したくてもプロの泣き屋を呼べない、とこぼしている。報酬を払えば払うほど、嬉しそうな顔をするからだそうだ。

不調和の解消

カントは、爆笑を誘うにはばかげた刺激がどうしても必要だと考えた。そのとおりかもしれないが、逆が必ずしも成り立たないことには注意すべきだ。ばかげた事柄がすべて面白いとは限らない。M・C・エッシャーのありえない建築物の絵は、ループ・ゴールドバーグやヒース・ロビンソンのマンガと同じくらいばかげているが、笑いを誘うことはない。その違いは、マンガがばかげていながらも不調和を解消することでおかしさを生み出しているのに対し、エッシャーの無限階段など幾何学的にありえない絵はけっして解消されないことである。フリだけがあってオチがないジョークのようなものだ。

どうしてあのニワトリはメビウスの帯を渡ったんだ？
反対側に行くため……、いやそれは無理だ……。〔訳注　メビウスの帯は片面しかない〕

笑わせるには何らかの解消が必要だということをさらに証明する事実が、美術館でシュールレアリズムの絵画に群がっている人たちはけっしてくすくす笑ってなどいないことだ。サルバドール・ダリはマルクス兄弟のファンで、兄弟出演の映画'Giraffes on Horseback Salad（馬の背のサラダに乗ったキリン）'の絵コンテの中に、腕が23本生えた目玉や、ソファーで眠っている36本の腕、腕が6本あって10台の電話に出ているグルーチョといったギャグっぽい絵を描いた。だがストーリー展開がなく、不条理なだけで面白みがなかったため、映画制作には至らなかった。[23] 論理が破綻する話を面白くするには、ちゃんとした解消に至るストーリーが必要だ。ソファーに横たわる何本もの腕を気味悪く感じるか面白がるかは、その不調和の場面がストーリーでどのように説明されるかにかかっている。

フリが延々と続いて、最後に客がネタにされるジョークもある。1970年代半ば、私が学生だったときに、イギリスのフォークシンガー、A・L・ロイドがブライトンにあるパブの2階のライブハウスで言ったその手のジョークが忘れられない。

1936年か7年のことだった。ロンドンで仕事がなかったから、サザン・エンプレス号っていう捕鯨船の甲板員になった。南大西洋のサウスジョージア島まで1か月近くかかったから、夜はみんなで輪になって飲んだり歌ったりおしゃべりをしたりした。古い捕鯨船だけに、歳のいった仲間が1人いた。そいつが、最初の頃の航海でクッシュメーカーっていう肩書きのやつに会ったっていう話をしだした。そいつはそれまでクッシュメーカーが何なのか聞いたことがなかったから、どんな仕事な

のか知りたいと思った。

猟場に向かうあいだ毎日観察していると、そのクッシュメーカーってやつは木で何か組み立てていた。1週間かけて桁の長い箱形の枠組みを仕上げると、次にその中にピラミッド型の枠組みを造りはじめた。それができあがると、ものすごく長い麻縄を持ってきて、ピラミッドの内側に網を張りはじめた。それにも1週間かかった。それが終わると、船倉から蝋《ろう》の入った大きな麻袋を引きずり出してきた。2人がかりでその麻袋を仕掛けの中に持ち上げると、クッシュメーカーはそれを網の真ん中に縛り付けた。毎日、船長がクッシュメーカーに「もうできたか?」と聞き、そのたびにクッシュメーカーは「アイアイサー、もうすぐです」と答えた。

何週間も経つと期待感が最高潮に達し、クッシュメーカーの造るものが使えるようになる日を船員全員が待ちわびるようになった。そしてついにある日、クッシュメーカーがゴーサインを出して、船長が全員に甲板に集まるよう命令した。台木と滑車を使ってその重い仕掛けを空中に持ち上げ、クレーンの腕を回して船べりから外に出した。集まった船員はしんと静まりかえった。船長がうなずくと、クッシュメーカーがロープを引っ張った。仕掛けが大きな音を立てて海に落ちた。そしてゆっくりと波間に沈んでいった。「クッシューーー」という音がはっきりと聞こえた。

A・L・ロイドはブライトンのパブで、いちいち手の振りを付けながらこの話をした。部屋いっぱいの客が夢中で聞き入った末に、ロイドは最後のオチに合わせて、両手を低く左右に広げて海を表現した。部屋は驚きと爆笑に包まれた。良くできた話だが、みんなまんまと乗せられた。A・L・ロイドの顔が潮風にさらされて日焼けしていたことと、その前に水夫の囃し歌を歌ってくれたこと、そしてロイドが実際に捕鯨船で働いていたことが、話を面白くしたのだ。

このクッシュメーカーのジョークが何よりも物語っているとおり、ユーモアを理解するには、それがユーモアであることをはっきりと認識することが重要である。ストーリーに注意を払って、心の中にイメージを浮かべ、そのイメージをつねに筋の通ったものにする必要がある。最終的には不調和、バカらしさ、フリ、オチが使われるが、長々とした話では聞き手がせっせと頭を働かせなければならない。それで最後にだまされたと感じる。どんなジョークでも聞き手の努力が求められるが、このジョークでは小さい見返りのためにかなりの努力が必要だ。クッシュメーカーは「クッシュ」という音をつくる。予想もしていなかった。だまされた！

脳の中で起こる3つのプロセス

『判断力批判』が出版された1790年以降、哲学者や心理学者はカントのユーモア理論についてあれこれ考察を重ねて、あちこちに修正や改良を加えた末に、いまでは不調和とその解消が重要だということで意見がまとまっている。現在では、それが脳の中でどのようにおこなわれるかも分かっている。おもに関わっているのは、思考（理解する）、感情（面白がる）、運動制御（笑うという身体的行動）の3つのプロセスである。

ユーモアを認識するにはまず、以前の経験に基づいていくつかの予想を立て、'One morning I shot an elephant in my pyjamas' というフリに含まれている情報にそれを当てはめる。最初に立てる仮説は、グルーチョがパジャマを着ている場面。心はいわば仮説生成マシンで、感覚入力を受けてたえず仮説を生み出している。この仮説生成プロセスはユーモアに限ったものではなく、心臓の拍動が血液の循環に欠かせないのと同じように、物事を認識するには不可欠なものである。

'Paris in the the spring'（春のパリ）といった単純な文を読むと、最初はそこに間違いが含まれていることには気づかないことが多い〔訳注　theが重複している〕。脳は実際に書かれている事柄でなく、書いてあると予想したものを認識する。２０１８年にキャセイパシフィック航空（Cathay Pacific）が、旅客機の側面に巨大な文字で自社名を間違ったスペルで描いてしまった。[24] 社員は誰一人気づかなかったようで、乗客がソーシャルメディアで「'Cathay Paciic' とfを抜いたのにはどんな意味があるのか」と質問して初めて発覚したのだった。

仮説とは、さらなる情報と突き合わせて検証する必要のある暫定的な考えのことである。先ほどの例の場合、その情報は、「ゾウがどうやって俺のパジャマを着たんだろう?」というオチによって与えられる。それを受けて最初の仮説を修正しなければならなくなる。「ああ、パジャマを着ていたのはグルーチョじゃなくてゾウだったのか」と。2つの仮説は調和しておらず、ゾウがパジャマを着ているというばかげた世界でしか解消されない。そして何らかの理由でそれを面白いと感じる。不調和に人が笑う理由については のちほど探ることにしよう。だがここで、次のように思った人もいるかもしれない。笑いを引き起こすのは確かに不調和であって、ゾウやパジャマやグルーチョのあのおかしな風貌ではないことを示す科学的証拠はあるのだろうか、と。

ゾウやパジャマやグルーチョが面白さに色を添えたのは確かだろうが、神経学的証拠によると、大脳皮質には不調和を見つける役割を担う特定の領域が存在する。不調和が見つかったら、別の領域がその解消（オチ）を処理し、さらに別の領域が面白いという感情を引き起こし、4番目の領域が筋肉運動を制御して笑いを起こさせるのだ。

機能的磁気共鳴画像法（ｆＭＲＩ）という非侵襲的手法を使うと、人の頭の中を覗き込んで、ジョークを聞いたり頭の中で何か作業をしたりしている最中に脳のどの部分が働いているかを調べることができる。台湾の心理学者、詹雨臻《チャンユーチエン》の研究チームは、ｆＭＲＩを使って、ユーモアの認知処理に関わっている複数の大脳皮質領域を特定した。被験者には3つのバージョンのジョークを聞かせた[25]。どのジョークも、次のようにフリは同じ。

ピーターが農地を購入して、トラクターで耕しはじめた。するとすぐに、トラクターが1本の前歯を掘り起こしたのに気づいた。変だなと思ったが、そのまま耕しつづけた。100メートルくらい進んだところで、歯をもう1本見つけた。「絶対おかしい」。30メートルくらい進むと、

さらに何本も出てきた。恐ろしくなったピーターは、その晩、以前の所有者に手紙を書いた。「以前この土地は墓地として使われていたのですか？」

第1のバージョンでは、次のようなオチが付く。

2日後、以前の所有者から返事が届いた。「そんなことはありません。心配しないでください。そこはフットボール場として使われていたんです」

このバージョンには不調和と解消の両方が含まれている。そこで研究チームは、不調和に対する脳の反応と解消に対する脳の反応とを切り分けるために、ほかに2つのバージョンのジョークを被験者に聞かせた。そのうち一方のバージョンのオチには、解消は含まれているが不調和は含まれていない。

2日後、以前の所有者から返事が届いた。「そうです。確かに墓地として

使われていました」

3つめのバージョンではオチが意味不明で、不調和は含まれているが解消はされない。

2日後、以前の所有者から返事が届いた。「そうです。あなたのすぐ後ろは崖ですよ！」

計64種類のジョークの、不調和と解消の有無を組み合わせた各バージョンを聞かせてfMRIの結果を比較したところ、不調和を検知するのは大脳皮質の2つの領域（右中側頭回《ちゅうそくとうかい》と右内側前頭回《ないそくぜんとうかい》）であることが分かった。不調和を解消するのは、別の2つの領域（左上前頭回《じょうぜんとうかい》と左下《か》頭頂《とうちょう》小葉《しょうよう》）である。さらに同様の実験によって、ほかに4つの領域（おもに扁桃核《へんとうかく》と皮質下部の中にある）が、不調和の解消によって引き起こされる愉快な感覚を処理していることが明らかになった。[26]

これらの脳領域は、不調和の検知→不調和の解消→愉快な感覚という神経回路でつながっている。そこから先は、神経活動が視床下部や脳幹に広がって筋肉が動くことで、愉快な感覚が実際の身体的な笑いに変わる。このような実験によって、人間の脳がユーモアを処理するプロセスの各段階が不調和解消仮説と一致していることが裏付けられている。ここからはこの仮説を略して「不調和仮説」と呼ぶことにして、次にそれを歌とダンスで盛り上げていこう。

chapter

3

歌とダンス

音楽のジョーク

昨日の(last)晩、この交響楽団がベートーヴェンを演奏した。ベートーヴェンは途方に暮れた(lost)。〔訳注　lastとlostを掛けている〕

もちろんだじゃれだ。だがこのだじゃれを面白く感じるには、世界一下手なオーケストラといわれるポーツマス・シンフォニアがたどたどしく演奏する『ウィリアム・テル序曲』を聴いて、音楽における不調和がどんなふうに聞こえ、どれだけ愉快なのかを体験する必要がある。[1]では、不調和と同じように優越感も笑いを引き起こすのだろうか？人はひどい音楽だけでなく、ひどいミュージシャンも笑いものにするのだろうか？

ポーツマス・シンフォニアの場合はそのとおりかもしれないが、優越感仮説では、音楽を使ったとりわけ面白いジョークが最悪のミュージシャンでなく最高のミュージシャンによって作られているという事実を説明できない。それを説明できるのは不調和仮説だけだ。複数の曲のメロディーを連ねて、その滑稽な効果で聴き手を驚かす、クオドリベットというスタイルの音楽がある。J・S・バッハの伝記によると、バッハ一家は再会したときに即興でクオドリベットを演奏したという。

一家が集まるやいなや、賛美歌が始まった。その敬虔な冒頭部からさまざまなジョークにつながり、曲調が頻繁に大きく変わった。ところどころ滑稽だったり下品だったりするさまざまな流行歌を、その場の思いつきで混ぜ合わせて歌った。このような即興の合唱を一家はクオドリベットと呼び、自分たち自身で心の底から大笑いするだけでなく、聴いている全員にも腹の底から抑えきれない笑いを掻き立てた。[2]

この一家の慣習はJ・S・バッハの本業にも使われた。『2台ピアノのためのゴルトベルク変奏曲』の最後、第30変奏は、ドイツのさまざまな民謡を引用したクオドリベットである。その民謡の中の1曲は、「キャベツとカブが出てきたから逃げ出した。母さんが肉を焼いてくれたら家にいたのに」というものだ。J・S・バッハのほかにも、C・P・E・バッハ、ドビュッシー、ハイドン、モーツァルト、チャイコフスキーなど何人ものクラシック作曲家が音楽のジョークを作っている。[3]

現代でクオドリベットの達人と言えるのが、ユーモア音楽家のピーター・シックリー

（1935–）である。シックリーは、J・S・バッハとアンナ・マグダレーナ・バッハの20人の子供の21番目であるP・D・Q・バッハ（1807–1742）の作品を再発見して演奏していると称している。それらの曲はすべて聴衆の前でライブ録音されており、シックリーは客の前でその録音を分析して音楽の愉快さの原因を探っている。

シックリー（またの名をP・D・Q・バッハ）の音楽ジョークの中には、ジャンルが突然切り替わるというものがある。たとえば『未開始交響曲』の途中で突然、アメリカ民謡の『タ・ラ・ラ・ブン・ディ・エ』や『草競馬』を叙情的にアンダンテで演奏するトランペットが挟まったりする。シックリーの音楽ギャグは9タイプに分類され、いずれも聴衆の予想を何らかの不調和で破ることで笑いを誘う。録音を聞くと、一番ウケているのはジャンルが切り替わるギャグで、J・S・バッハの時代からそれは変わっていない。[4]

脳の聴覚野のfMRIによって、人は聴き馴染んだメロディーを聴いている最中に間違ったキーの音が入ると素早く気づいて、その不調和にわずか10分の1秒で反応することが分かっている。[5]西洋音楽を聴き慣れている人なら、たとえ正式な音楽教育を受けていなくても、初めて聴いたメロディーの不調和に気づくことができる。[6]いまのところ、この脳の反応は西洋音楽に馴染んでいる人でしか調べられていないが、ほかの文化の人でも同じだと考えられる証拠がいくらでもある。たとえばジャワ島の音楽、ガムランにも音楽ジョークがよく使われており、緻密に組まれた曲に不調和を組み込んで愉快で劇的な効果を出している。[7]

さまざまな不調和

言葉や音楽以外でも不調和はおかしさを生み出すという証拠がある。50年前にスウェーデンの心理学者ジョーラン・ネラードが、ある巧妙な実験をおこなった。[8] ジョークと関係のない状況で人が不調和にどのように反応するかを調べる単純な課題を考案し、学生被験者に挑んでもらったのだ。被験者にいくつかの錘《おもり》を1つずつ手渡して、それぞれどのくらいの重さかを、「とても軽い」（実際の重さは740グラム）から「とても重い」（2・7キログラム）までの6段階で答えさせた。そしてさまざまな重さの錘を何度も試してもらった後で、最後にそれまでのものよりもずっと軽い錘を手渡した。すると、辻褄の合わないほど軽い錘を思いがけず渡されて、被験者たちは笑い出したのだ。

この実験やその後におこなわれた同様の実験で分かったとおり、人は危険のない状況で不調和に直面すると、ジョークやあからさまなユーモアとは関係がなくても、それ自体を愉快に感じるらしい。しかしスウェーデンでの研究によると、それにはある条件が付くという。ネラードは最初にこの実験を、駅で電車を待っている人たちに試したが、うまくいかなかった。そのような状況では笑う気分にならなかったようだ。しかしその後の実験では、それとはまったく対照的に、学生たちは実験中、辻褄の合わない錘を渡される前からかなり上機嫌でしょっちゅう笑っていた。辻褄の合わない錘を渡されるとますます激しく笑ったが、結果は「笑う」「笑わない」とはっきり区別できるものではなかった。ネラードのこの研究によって、不調和そのものも笑いを引き起こすと結論づけられるが、１００年前にチャールズ・ダーウィンが論じたとおり、そのためには笑える気分であって、電車に乗り損なうのを心配しないような状況でなければならないのだ。

あらゆる種類の不調和が笑いのツボを刺激するという発見は、笑いの進化上の起源を探る上で大きなヒントとなる。現代生活ではジョークやふざけた会話がユーモアの多くを占めているが、ユーモアを話すための言語能力は、比較的最近、おそらくはここ50万年以内に進化したものだ[9]。そのため言葉のユーモアは、不調和によるもっと一般的な笑いの反応よりもずっとのちに生まれたに違いない。

ユーモアに向けた進化が進みはじめたのは、事前の予想と、視覚や聴覚や触覚などの感覚入力とを比較するという一般的な知能が生まれたときだと考えられる。この能力は生き延びるために欠かせなかったことだろう。そしてその段階からさらに進むことで、不調和が解消されると笑いが引き起こされるようになったのだと思われる。さらにそれからずっとのちに言語が発展すると、それまでのユーモアメカニズムに、話し言葉に含まれる不調和が付け加えられた。そうしてジョークが生まれたのだ。

ユーモアの不調和仮説

この不調和仮説に基づけば、ユーモアの特徴の多くを説明できる。第1に、ユーモアがかなり主観的である理由を説明できる。ある人にとっては愉快でも、別の人にはなかなか理解できないジョークがあるのは、人によって予想や経験が違うからだ。ネラードの錘の実験では、オチとなる辻褄の合わない錘を渡す前に、どのくらいの重さになりそうかという予想を被験者に植え付けなければならなかった。

笑い力よりも重力で知られるアイザック・ニュートン卿は、言い伝えによると生涯で1度しか笑わなかったという。それは、「ユークリッドの『原論』は何の役に立つのか？」と誰かに聞かれたときだった。子供の頃からユークリッド幾何学を勉強していたニュートンにとって、それはばかげた質問だったのだ。私たち一般人が同じことを聞かれたら、考え込んだり戸惑ったりはするかもしれないが、きっと笑うことはないだろう。

ユーモアにおける不調和が主観的な性格を持っていることを踏まえれば、多くのジョークが優越感に訴えるものであることにも納得がいく。誰かを犠牲にするようなジョークを聞くと、人はその犠牲者と自分との違い（不調和）を笑う。デイヴィッド・レヴィはどうしてあんなにバカ扱いされるのか？　ああいったジョークに笑ってしまうのは、デイヴィッド・レヴィがどんな人物なのかを知っているか、さもなければ、アイルランド人やポーランド人やシク教徒はバカであるという偏見を持っている場合に限られる。そうでないと、頭ではジョークを理解できても面白くは感じられない。

ジョークにこれほど多く優越感が使われているのは、「自分」と「あいつら」との違いが大きな不調和を引き起こして、それが多くの人に共感されるからにほかならない。そのため理屈の上では、優越感仮説で説明できる事柄はすべて不調和仮説でも説明できることになる。だとしたら優越感仮説は余計だ。不調和仮説のほうが、ユーモアというゾウの多くの部分を説明できるのだ。

不調和仮説を踏まえれば、なぜジョークを説明すると台無しになってしまうのかも合点がいく。説明をすると、めちゃくちゃなロジックが何の変哲もないロジックに変わって、ユーモアという風船がはじけてしまうのだ。面白く感じるためには、相容れない2つの解釈がかち合うことで不調和が解消される必要がある。しかし説明してしまうと、その2つの解釈の辻褄が合ってしまって、それでユーモアが消え去ってしまう。同じジョークを繰り返し言うことでも同じ影響が出る。一度聞くとその不調和が予想の中に組み込まれてしまうからだ。ホッブズが言ったように、ジョークには新しさと驚きが込められていなければならないのだ。


刑務所に入れられた男が、初日の晩、眠ろうとしていると、誰か囚人の叫び声が聞こえてきた。「41!」　すると同部屋の囚人が笑い出した。気にしないようにした。しかしまもなくして「33!」という声が響き、再び笑い声が起こった。

そこで同部屋の囚人に「何やってるんだ?」と聞いた。

「ああ、ここでは同じジョークを何回も何回も聞いてるから、番号を付けて時間を節約してるのさ」

「そうなのか。やってみていいか?」

「おお、やってみろよ」

そこで男が「102!」と叫ぶと、大騒ぎになった。部屋から部屋へ、階から階へと大爆笑が広がった。やがて笑いが収まって、その新人が同部屋の四人のほうを向くと、相手は笑い涙を拭っていた。「ウケたか?」

「ああ! あんなジョーク初めて聞いたぞ!」

不調和仮説への疑問

新しさは確かに有効だが、子供はお決まりのジョークを何度も聞いたり話したりするのが大好きだし、大人にも繰り返し聞きたいジョークというのがあるものだ。これは不調和仮説だけではなかなか説明できず、何か別の説明が必要だ。私が思うに、そのようなジョークは単なるジョークではなく、相手と心を通わせて面白かった瞬間を追体験するための手段なのだろう。先ほど言ったように、笑うためには何か面白いことを聞くだけでなく、楽しい気分でなければならない。

ケン・ダッドが客から「3本脚のニワトリのジョークをもう一度言ってくれ」としょっちゅう頼まれたのは、ダッドのしゃべり方が面白かったからだ。ネタばらしはやめておこう。自分でネット動画を見てほしい。[10] 最初に見たときは不調和に対して笑ってしまうだろう。そして2回目以降は、嬉しくてまた笑ってしまうのだ。

不調和仮説にはほかにも難点がある。たとえば哲学者のスティーヴン・ギンベルによると、トム・レーラーの歌 'When You are Old and Gray（歳を取ってグレーになったら）' を聴いて笑ってしまうのは、きれいに韻を踏みながら、トムの恋人が老いていく彼とのセックスを先延ばしにするべきでない理由を見事に並べ立てていくからだという。

An awful debility,
A lessened utility,
A loss of mobility
Is a strong possibility.
In all probability
I'll lose my virility
…

（恐ろしい衰弱
下がっていく効用
失われる運動性
かなりありえることだ。
十中八九
男らしさは失われていく……）

この先も巧みに韻を踏んだ歌詞がさらに10行続く。

このように延々と韻が踏まれていくのはかなり予想外で、不調和であると言いたいところだが、それはあくまでも私の主観的判断である。ここで浮かび上がってくるのが、何が不調和で何がそうでないかは主観的な判断であるという問題だ。このように漠然としていて検証しようのない概念に基づいているとしたら、はたして不調和仮説を科学的だなどと呼べるだろうか？

ユーモアには不調和が必要であるように思えても、実はユーモアにはさまざまな要素があって、それらが一緒くたになって不調和に見えているだけなのかもしれない。スティーヴン・ギンベルも、'When You are Old and Gray' はあまりに巧妙だからこそ面白いのだと考えている。[11] しかも、多くのジョークには優越感やバカらしさや下ネタが使われている。私は学生時代に友人と雑誌を作って、その裏表紙におりがみで避妊具を作る方法を図解入りで載せた。このジョークには優越感とバカらしさと下ネタが1つに詰め込まれていて、「こんなの考えつく俺たちって何て賢いんだ」と思ったものだ。では、こんなに手の込んだジョークの中から不調和性を見つけてきて抜き出すことはできるのだろうか？

ジョークの要素を探る実験

3人の心理学者チームがこの挑戦を買って出た。学生被験者300人に、お題として出した単語のペアを使ってユーモアを作ってもらったのだ。[12] お題の単語のペアとしては、不調和の度合いや性との関連性をさまざまに変えたものを用意した。たとえば「お金」と「チョコレート」、あるいは「お金」と「セックス」といった、互いに無関係で不調和な単語のペアを出題し、その2つの単語の似ている点や違う点を挙げたユーモアを5つ作ってもらった。また比較対象として、「愛」と「友情」、あるいは「愛」と「セックス」といった、互いに関連した（調和した）単語のペアも出題した。回答の中には次のような傑作もあった。

お金とチョコレートの違いは、一方は財布が膨らんで、もう一方はお尻が膨らむこと。

お金とチョコレートの似ている点は、どっちもすぐになくなってしまうこと。

愛（love）と友情（friendship）の似ている点は、どっちにもeという文字が入っていること。

それぞれの回答が面白いかどうかは、この課題に挑まなかった別の人たちに評価してもらった。その結果、調和した単語のペアよりも不調和な単語のペアのほうが面白い回答が生まれること、そして、似ている点に注目した回答よりも違う点に注目した回答のほうが面白いことが分かった。一方、セックスなど感情を揺さぶる単語の有無は、回答の面白さにはほとんど影響を与えなかった。この研究では、回答を面白くさせる要素は不調和だけだったのだ。

ジョークを題材にしたジョーク

不調和はユーモアに必須の要素であるだけでなく、ジョークかどうか気づくのにも役に立つ。

ユダヤ教のラビとカトリックの司祭とプロテスタントの牧師がバーに入った。するとバーテンダーが言った。「どうしたんですか？　何かのジョークですか？」

このバーテンダーは昔からあるジョークのフリに気づいた。そしてそれ自体がジョークになっている。ゴリラですらこのジョークは知っていた。

ユダヤ教のラビとカトリックの司祭とプロテスタントの牧師がバーに入った。するとゴリラがあたりを見回してこう言った。「笑えない

ジョークに巻き込まれちまった」

これらはジョークを題材にしたジョークだ。ユーモアを真面目に受け取ってしまうかわいそうな人なら、このようなジョークにメタジョークというレッテルを貼って、気づかれないようベッドの下にでも隠してしまうだろう。そして誕生日などにときどき引っ張り出してきて、1人でにんまりとするのだ。

ロボットはジョークを理解できるか

しかしこのバーテンダーの質問は、コンピュータ言語学の研究課題にもなっている。何ともややこしいが、コンピュータ言語学は言語学でなくコンピュータ科学の一分野で、人間と同じように言語を処理できるソフトウエアの開発を目指す学問である。[13] そのようなソフトウエアを走らせるロボットバーテンダーに、「3人の聖職者が一緒に入ってきたら例のジョークのお出ましだ」と認識させることはできるのだろうか？　私はできないと思う。

1本のひもがバーに入って、マティーニを注文した。するとバーテンダーが、「申し訳ありません。ひもにはお酒をお出しできません」と言った。

ひもは言い返した。「いいや出せるはずだ」

「いいえ、あなたはひもでしょう?」

"No. I'm a frayed knot."(いいや、結び目がほどけたものだ)〔訳注　I'm afraid not(残念だが違う)と発音が同じ〕

ひもが結び目を作っていることもあるというのがこのジョークのオチだが、ロボットにはそれがなかなか理解できない。ストラッパラヴァとストックとミハルチェアという3人のコンピュータ言語学者がバーに入って、コンピュータにジョークを理解させる方法を考えついた。[14] そして、機械学習ソフトウエアに以下のような1行ジョークを何千も入力した。

俺の忠告を聞け。俺は従っていないがね。

図に乗る（push my luck）だけで運動は十分だ。〔訳注　push-up（腕立て伏せ）と掛けている〕

美はビールジョッキを持っている人（beer holder）次第。〔訳注　ことわざ 'Beauty is in the eye of the beholder.（美は見る人次第、人の好みはさまざま）' の beholder を beer holder（ビールジョッキ）ともじっている〕

またこのソフトウエアには、これらのジョークと単語数は近いが面白くはない文も入力した。そしてどの文が面白くてどの文が面白くないかを教え込んだ上で、このソフトウエアが新しい1行ジョークとただの文とを区別できるかどうか確かめた。すると、ジョークとただの文を比較的うまく区別できたものの、100％見分けることはできなかった。1行ジョークとニュース記事の一部をごちゃ混ぜにして入力したところ、76％の精度でジョークかどうかを識別できた。しかし1行ジョークとことわざを入力すると、識別できたのはわずか53％だった。ナメクジが当てずっぽうで選んでも50％正解するのだから、すごい結果だとはとうてい言えない。

実はこの機械学習ソフトウエアは、不調和の有無に基づいてジョークかどうかを判別するよう学習したのではなく、1行ジョークの多くが以下のような特徴的な言語構造を持っていることに注目したのだ。
たとえば頭韻。

幼児（infant）は幼年時代（infancy）を楽しまないが、大人（adult）は不倫（adultery）を楽しむ。

あるいは反義語。

つねに慎ましく（modest）して、それを誇り（proud）にせよ！

あるいは、sex（「性別」または「セックス」）やbehind（「……の後ろに」のほかに「尻」という意味もある）といったキーワード。このソフトウエアは、1つの文にこの3種類の手掛かりがすべて揃っていると大喜びした。たとえば次のような文だ。

偉大な男の後ろ（behind）には必ず偉大な女がいる。偉大な女の後ろ（be-

hind）には必ず、その女の尻（behind）を見つめる男がいる！

たいして面白くない。ことわざにも頭韻や反義語やスラングが多く使われているので、このバカソフトウエアがことわざと1行ジョークを見分けられなかったのも当然だ。なるほど、ことわざにちょっと手を加えればジョークになってしまう。

親しさは軽蔑を生む〔訳注　ここまでがことわざ〕。**そして子供も生む。**（マーク・トウェイン）

夕方の赤い空は羊飼いの喜び〔訳注　ここまでがことわざ〕。**青い空は昼間。**（トム・パリー）[15]

リンゴ1日1個で医者いらず〔訳注　ここまでがことわざ〕。**たまねぎ1日1個でみんなに迷惑。**

これに対してニュース記事には頭韻や反義語やスラングはあまり使われていないた

め、このソフトウエアは朝のニュースの中からジョークを見つけ出すほうがずっと得意だった。だがここまで来て3人の研究者は、大勢の先人たちと同じくユーモアの研究から は完全に足を洗ってしまった。

コンピュータにユーモアの不調和性を認識させることができないとしたら、コンピュータが立派なジョーク作家になれるはずはないだろう。次のジョークはコンピュータの作だろうか？

ロボットがバーに入った。バーテンダーが「何にしましょう」と聞いた。「何か気分が緩むものをくれ」。そこでバーテンダーはねじ回しを出した。

これはコンピュータ作ではない。ロボットが作ったジョークはたいていもっとつまらない。1999年にアップルOS9の音声システムに何かジョークを言うよう指示したら、次のようなやり取りが返ってきたはずだ。[16]

あなた：コンピュータ、何かジョークを言ってくれ。

コンピュータ：コンコンコン〔扉を叩く音〕。
あなた：どちら様ですか？
コンピュータ：アザミです。
あなた：どちらのアザミさんですか？
コンピュータ：アザミは私の最新コンコンコンジョークです。

温かい目で見守ってやろう。それから20年経ったいまでもコンピュータは、以下のような同音異義語を使った語呂合わせしか作れない。

この男の子の体温は？　沸点(boiling point)。〔訳注　boilingのboi-の部分の発音がboy（男の子）と同じ〕

吐き気を催しているのはどんな木？　カジカエデ(sycamore)[17]。〔訳注　sycamoreのsyc-の部分の発音がsick（気分が悪い）と同じ〕

人間が作った最高傑作と比べてどれほどつまらないかを分かってもらうために、*The*

Complete Uxbridge English Dictionary（アクスブリッジ英語大辞典）〔訳注 Uxbridge（グレーターロンドン西部の地区の名）をunabridged（最詳版）と掛けている〕の中から適当にだじゃれを選んで比べてみよう。

Agog（熱狂して）：半分までしか建てられていないユダヤ教の礼拝堂。〔訳注 synagogue（シナゴーグ）の後ろ半分と同じ発音〕

Crucifix（十字架像）：宗教的な接着剤。〔訳注 fix（固定する）に掛けている〕

Elfish（小妖精のような）：スペインのシーフード。〔訳注 elはスペイン語の冠詞、fishは魚〕

Gastronomy（美食術）：ミシュランの星の研究。〔訳注 astronomy（天文学）と掛けている〕

Zebra（シマウマ）：胸を支える一番大きいサイズの下着。[18]〔訳注 bra（ブラジャー）と掛けている」

言語学は言語の基本構造を探る学問だが、相矛盾するデータばかりなので研究を進めるのが難しい。オックスフォード大学のある有名な言語学教授は、ニューヨークにあるコロンビア大学での講演で次のように説明した。「多くの言語では、二重否定は肯定を表す。たとえば'She is not unlike her brother'（彼女は弟に似ていなくない）は、'She is like her brother'（彼女は弟に似ている）という意味だ。しかし、二重肯定が否定を意味するような言語は一つもない」。すると講堂の後ろのほうから、バカにしたような声で「そうだ、そうだ」と聞こえてきた。

この鋭い茶々を入れたのは、あのシドニー・モーゲンベッサーである。モーゲンベッサーのウィットはニューヨークのローワーイーストサイド仕込みで、彼はラビになるための教育を受けていたが、途中でもっと俗っぽい人生を歩みはじめた。

モーゲンベッサーのウィットを物語る逸話は数多い[19]。晩年、長い闘病生活のさなかに彼は、コロンビア大学の仲間の哲学者に次のように問いかけたという。

「どうして神はこんなにも私を苦しめるんだろう？　私が神を信じてい

ないからだろうか？[20]**」**

理性主義者なら、これがジョークであろうがなかろうが気にしない。自分が天国に行かないことなんて百も承知なのだから。

私が無神論者であることを神に感謝する。（ルイス・ブニュエル）

第二次大戦前、ノーベル賞を受賞したデンマークの物理学者ニールス・ボーアが、研究室を訪ねてきた1人の科学者とおしゃべりをしていた。するとその訪問者は、ドアの上に幸運のお守りである蹄鉄が留められているのに気づいて驚いた。「迷信なんて信じてるのかい？」

そこでボーアはこう答えた。

「いやいや。でも、信じていなくても御利益があるって聞いたんだ」

アーサー・C・クラークも似たようなジョークを言っている。

「私は占星術は信じない。いて座生まれは疑り深いんだ」

　これらのジョークは、めちゃくちゃなロジックの極みだ。AI（人工知能）は、チェスや囲碁で挑戦者を次々になぎ倒すことはできる。どちらもコンピュータの歴史上、画期的な出来事だった。しかしAIにとって、面白いジョークを作るという問題はもっとずっと難しい。ユーモアは、AIの研究に取り組む認知科学者が「AI完全」と呼んでいるたぐいの問題に含まれる。つまり、人間と同じように思考できるコンピュータでないと、面白いジョークは言えないということだ。[21]

　コンピュータがAI完全問題を解くためには、テキストメッセージなどのやり取りで人間に間違われるかどうかという、いわゆるチューリングテストをパスしなければならない。しかし認知科学者のあいだでも、チューリングテストのとらえ方はまちまちだ。AIの祖の一人マーヴィン・ミンスキーは、チューリングテストそのものがジョークだと言っている。AI完全性をもっとうまく判定するテストになりそうなのが、コメディアンのケン・ダッドがフロイトの間違いを証明した次のようなジョークだ。

「フロイトの理論によれば、ジョークによって窓が開いてコウモリやおばけが残らず飛び去っていくと、すごい安堵感と高揚感に包まれるんだそうだ。でもフロイトは、レンジャーズとセルティック〔訳注　どちらもグラスゴーのサッカーチーム〕がどっちも負けた土曜の晩にグラスゴー・エンパイア劇場の舞台に立つ必要なんてなかった[22]」

フロイトの理論は、グラスゴーの労働者階級よりもウィーンのブルジョア層に近かったようだ。コンピュータが作るユーモアも、グラスゴーの庶民たちのお眼鏡にはまだかなわない。

では、ユーモアの理論を一言でまとめるとどうなるか？　面白いことに気づくというのは、不調和が無害に解消されたことに対する認知的反応にほかならない。そのほとんどが人と人とのやり取り（本を介したものも含む）の中でのことだが、必ずしも他人に対する優越感を利用しているとは限らない。ジョークを言ったり笑ったりするには脳が必要で、それはコンピュータにはできないことだ。

ジョークと性格

もちろん人によって脳の作りは違う。では脳の違いによって、何を面白いと感じるかはどのように違ってくるのだろうか？　心理学者は四角四面の性格で、被験者をいくつかの性格型に分類したがる。そして1990年代以降、基本的な性格の違いは5つの大きなファクターで決まるということで見解がまとまっている。その5つのファクターとは、外向性、情緒的安定性、同調性、誠実性、経験への開放性である。[23]この5つの性格ファクターが詳しくはどんなものであって、多種多様な研究結果からどうやってまとめられたのかはどうでもいい。ソーセージに何が入っているかは胃袋に聞くのが一番だ。

とはいっても、ユーモア力は外向性の特徴の一つなのだから、何を面白いと思うかは性格と何か関係がありそうだ。被験者の数は少ないが、fMRIを使ったある研究でその関係性は裏付けられている。[24]女性が知的な会話に入れてもらえなかった時代、ドイツの詩人ゲーテはこう言った。「男の性格は、何を笑えると思うかに一番はっきりと表れる」

この仮説をさまざまな心理テストで証明しようとする心理学者は、まるで風を網で捕まえようとする少年のようだ。マース反応テスト、IPATユーモア性格テスト、3WDユーモアテスト、ユーモア認識スケールなど、ありとあらゆる心理テストを使ってジョークと性格の関係性を必死で探っているが、ユーモアの真髄を捕まえるには至っていないようだ。[25]

面白いと思うユーモアとその人の性格型とのあいだに関連性があることを示す、はっきりとした証拠は見つかっていない。人によって性格は違うし、ジョークも素直なものから下世話なもの、品のいいものから意地悪なものまでさまざまだが、どんな人がどんなジョークを面白がるかはほとんど説明がつかないようだ。キリスト教徒と無神論者が同じジョークに笑う一方で、原理主義者はジョークを聞いても表情を崩さないものだ。[26]どんなジョークにも不調和の解消が何よりも大事だというのが、このような事実にはっきりと表れている。

いまでは不調和仮説を裏付ける証拠が大量にあるが、それでも、さらに優れた理論を作れるはずだと考えている人たちが若干数いる。2017年に2人のオーストラリア人科学者が、量子力学の数学を使って新しいユーモア理論を導こうとした。[27]光の波動と粒子の二重性を解き明かせる量子力学であれば、ユーモアにおけるセンスとナンセンスの二重性も解き明かせるのではないか、というのだ。

しかし、たとえあらゆるユーモアの真髄を定義する方程式が存在したとしても、なぜ人は笑いという反応をするのか、なぜユーモアを聞いたときに湧き起こる感情は苦しくなくて気持ちいいものなのかは、きっと分からないだろう。ユーモアという刺激を定義できたからといって、なぜその刺激が笑いという反応を引き起こすのかはそれとはまったく別の問題で、その理由を説明するには人間の進化に目を向けなければならない。その始まりはくすぐることだった。

chapter

4

くすぐりと遊び

動物は笑うのか

チャールズ・ダーウィンは家族を大事にする人で、幼い我が子を実験台にした。ひどいって？　そんなことはない。子供をくすぐることで、笑う能力がかなり幼いうちから発揮されることを明らかにしたのだ。その観察結果を収めた大著『人及び動物の表情について』の中でダーウィンは、笑いを含め、ヒトが感情を表現する方法には動物に似ているものが多いことを示した。[1]動物が笑うって？　チンパンジーやゴリラなどヒトに近い動物が？　19世紀に広く信じられていた考え方を、マーク・トウェインは次の1行ジョークで表している。

笑う動物は人間だけだ。笑う必要のある動物も人間だけだ。

しかしダーウィンは、動物園の動物や家畜を観察して、そうではないと考えるようになった。いまでは野生の大型類人猿の様子が映像に収められていて、そうした映像を見ると、オランウータンもチンパンジーも、ボノボもゴリラも、みなくすぐられると笑う

（心理学者いわく「遊戯発声（play vocalization）」をする）ことが分かる。[2] チンパンジーは生後わずか4週半でくすぐり遊びに加わり、くすぐってほしいことを伝える特徴的な身振りをするようになる。[3] チンパンジーは格闘ごっこをするときにプレイフェイスという特徴的な表情をするが、笑い声はヒトとはまったく違う。ヒトは息を吐きながら「ハッハッハッ」と笑うが、チンパンジーは息を吸いながら「アッアッアッ」と笑う。

ヒトが笑うときの息づかいは独特だが、ある見事な研究によって、ヒトが思わず自然に笑ったときの笑い声は動物の発声にとても近いことが分かっている。ヒトの自然な笑い声を録音して遅いスピードで再生し、被験者に何の音に聞こえるか尋ねたところ、ほとんどの被験者は、笑い声のようだがヒトでなく動物の声だと答えたのだ。[4] 一方、ヒトが意図的に出した笑い声を遅いスピードで再生したところ、被験者はそれはヒトの声だと正しく答えた。自然な笑いは心の奥にある動物的本能から出てくるものだが、意図的な笑いはもっと話すのに近く、そのためヒトっぽく聞こえるのだ。この違いは、笑い声を聞いてその人が誰なのか判断できるかどうかにも当てはまる。ある実験によると、意図的な笑い声を聞いた場合はその人が誰なのかを簡単に答えられるのに、自然な笑い声を聞いた場合にはもっと難しいのだ。[5]

なぜ動物は遊んでいるときに声を出すのか？　それはおそらく、遊びは一つの社会的交流であって、「くすぐったり追いかけたりするけれど危害を加えるつもりはないよ」というシグナルを、声を出すことで相手に伝えるからだろう。笑いが伝染しやすいのも、このような役割が笑いにあるからだと思われる。シグナルを受け取った相手が、「僕も遊んでいるだけだよ」と返事をするわけだ。聞こえた笑い声をすぐに真似れば、遊びの輪に加わることができる。動物の発するシグナルの進化上の起源をたどっていくと、現在と似ているけれど違う機能を持った行動にたどり着くことが多い[6]。遊戯発声のもともとの役割は、捕食者などの脅威が過ぎ去ったことを家族に伝える、「異常なし」というシグナルだったのかもしれない[7]。

チンパンジーとヒトの共通祖先は、およそ650万年前に生きていた。その共通祖先も遊戯発声を使っていただろうが、それはヒトよりもチンパンジーにずっと近かっただろう。ヒトの笑いは、それよりずっと後に進化した発話能力によって形が変わっている。ヒトが発話能力を進化させると、遊戯発声を促す引き金が新たに増えた。それは言葉によるユーモアである。「『滑稽な話によって想像力がくすぐられる』という言い回しがある。そのいわゆる心のくすぐりは、身体をくすぐるのと面白いほど似ている」とチャールズ・ダーウィンは言っている[8]。不調和が解消されると、私たちはまるでくすぐられたかのように反応してしまうのだ。では、どういう進化によってそうなったのだろうか？
どんな進化も少しずつ進むもので、すでに持っている特徴なり行動なりが出発点になる。

アイルランドのゴールウェーにやって来た外国人旅行者が、地元の人にダブリンへの道を尋ねた。するとそのアイルランド人はこう答えた。「俺ならここから出発はしないな」〈訳注　180キロ以上離れている〉

進化は決まって「ここ」から出発するものだし、誰かに進むべき方向を尋ねることもけっしてない。そのため、笑いの特徴の多く、たとえば気持ちよさや社会的役割や伝染しやすさは、その起源であるくすぐりや遊びにも当てはまるはずだ。

自分で自分をくすぐることができるか

アリストテレスは、自分で自分をくすぐっても笑えないことに注目し、くすぐられて反応するのは不意にくすぐられたときだけだろうと考えた。[9] しかし、自分の手で別のある気持ちいい感覚を引き起こすことはできるのだから、自分をくすぐっても効き目がないというのはとても不思議な話だ。他人と遊んでいるときには、一人遊びと違ってくすぐられると笑う。その理由は進化で説明できるのだろうか？

アリストテレスから2000年後、3人の心理学者が彼の仮説を検証するために、ロボットアームで自分の身体をくすぐる仕掛けを作った。[10] 被験者が左手でロボットアームを操作すると、そのロボットアームが右手にくすぐりの刺激を与える。左手で操作してから右手に刺激が来るまでにはタイムラグがあって、実験者はそのタイムラグの長さを変えることができる。この仕掛けを使って、自分をくすぐったときに笑うかどうかは不意にくすぐられたかどうかで決まるのか、それとも単にタイムラグの問題なのかを調べたのだ。結果、タイムラグが5分の1秒未満と気づかないくらいの短さでも、被験者は自分の操作したロボットにくすぐられて笑い出すことが分かった。人を笑わせるロボットがついに完成したのだ！

コメディアンに言わせると笑いはタイミングがすべてだが、このロボット実験ではまったく別の事実が明らかになった。脳は筋肉の働きをコントロールするために、筋肉を動かしはじめるだけでなく、仮想的な身体モデルの中でその動きの作用を追いかけていく。そのおかげで私たちは、自分の行動に驚いたり、自分にくすぐられて笑ったりせずに済む。この仮想モデルは身体の動きを追いかけるためにたえず更新されていくので、わずかなタイムラグがあっただけで、左手の動きに基づく抑制が効かなくなって、右手がくすぐったく感じられるようになるのだ。

この仮想身体モデルは、自分に触られてもくすぐったく感じない原因であるだけでなく、自分と他人を区別するための手段にもなっていて、自己という心的構築物の一部をなしている。幻聴が聞こえたり、自分で自分の行動を制御できないと感じたりする精神障害の患者は、自分の手で自分の身体に刺激を与えても、他人にくすぐられたときと同じようにくすぐったく感じる。[11] このような現象は、自己と他者を区別する能力に心理的欠陥がある人全般に見られる。

パートナーがいないときは、片脚の毛を剃って、女性と寝ているような感覚に浸る。[12]

いずれにせよ、くすぐったりくすぐられたりするのは遊びの一環だ。ほとんどの人は自分で自分をくすぐっても笑わないが、誰にくすぐられてもかまわないかはすごく気にする。いやな人にくすぐられると、暴力を振るわれたように感じてしまう。ロバート・

プロヴァインが各年代の400人以上を調査したところ、くすぐるくすぐられるの関係は友人や家族や恋人にほぼ限られ、たいていは一方的でなく互いにくすぐり合うことが分かった。[13] 青年期以降はほぼ異性としかくすぐり合わず、成人では前戯の一環となる。くすぐりの持つこのような特徴には、ユーモアが求愛に果たす役割のルーツが見て取れる。

遊びと笑い

子供が集団内で安全に他人と付き合う術を学ぶには、遊びが欠かせない。神経回路のせいで自分には効き目がないくすぐりという行為が、遊びを通じた社会性の獲得へ進化したというのは、筋の通った話である。世界中のどんな人でも、笑いは「それ好き！」と伝える反応として受け取るものだ。

幼い頃の遊びは、霊長類だけでなく哺乳類全般にとって本能的な行為であり、それが進化したのはかなり昔である。ネズミをくすぐると、ヒトにはとうてい聞こえない周波数50キロヘルツの超音波の笑い声を上げる。[14] ネズミの笑いもヒトと同じように伝染しやすいし、若いネズミは、あまり笑わないおとなネズミよりもよく笑うおとなネズミと一緒にいたがる。[15]

笑い声が不快に感じられるようになる周波数は？

1 Gigglehurtz.〔訳注 giggle（くすくす笑い）とhurt（感情を害する）をつなげてgigahertz（ギガヘルツ）に掛けている〕

ドイツのある心理学者チームは最近、隠れ場所をいくつも備えた大きい部屋の中でネズミとかくれんぼをするという、イグノーベル賞確実の研究をおこなった。[16] ネズミにかくれんぼのルールを学習させるには、隠れていて実験者に見つかったときや、実験者を探して見つけたときに、ご褒美としてくすぐった。学習には計2週間かかった。

この実験で分かったことの中でも最大の驚きは、ネズミが鬼の最中ずっと超音波の笑い声を上げ、隠れているときには笑うのをやめたことだ。そのネズミの脳の神経活動を測定したところ、隠れているときと鬼になっているときとで使っている前頭前野の部位が異なることが分かった。どうやらネズミは、隠れているときの役割と鬼になっているときの役割を頭の中で区別していたようだ。

次にあなたがペットのイヌと遊ぶときには、イヌとヒトとネズミの共通祖先が

9600万年前にさかのぼり、そこから延々と遊びの能力が受け継がれてきたことに思いを馳せてほしい。イヌの笑いについてはマックス・イーストマン（1883−1969）が次のように述べている。[17]

イヌは確かに笑うが、自分の尻尾にも笑う。ヒトがイヌよりも進化の高いステージにいるのは、うまいオチに笑えるようになったからだ。

イヌを使ったもっと科学的な研究によって、イヌも遊んでいるときには特徴的な表情をするものの、その笑顔を作るための筋肉はヒトが笑うときに使うものとは違うことが分かった。[18] これは重要な発見で、遊び相手に自分の感情を伝えるという機能は幅広い種類の動物で進化したが、その手段は種《しゅ》によって違うことを示している。つまりすべての動物にとって重要なのは、敵意がないのを相手に伝えることであって、その具体的な手段ではないのだ。この理屈はヒトの言語の文化的進化にも当てはまる。話したい事柄が同じでも、それを表す単語はさまざまだ。

アイルランド人の言語学教授がスペイン人の同業者から、'mañana'（「明

日」、または「そのうち」）に相当する単語がアイルランド語にもあるのかと聞かれた。そこでしばらく考え込んでからこう答えた。「あるよ。でも『急いで』なんて意味はないな」

植物学者も動物学者に負けじと、植物をくすぐって何が起こるかを調べている。そして、若いシロイヌナズナの葉をやさしく撫でると体内で化学変化が起こって、性成熟と開花が遅れることが分かった[19]。ただし、撫でつづけるといつまでも若い状態が保たれるかどうかは分かっていない。植物の謎を挙げていったら本を1冊書けてしまう。分かっていることがあまりに少なくて、すごく分厚い本になってしまうだろう。おっと、話が脱線してしまった。

なぜユーモアは楽しいのか

さて次に、楽しさについて考えてみよう。遊びは楽しいもので、もしダーウィンが正しいとしたらユーモアは心をくすぐることだ。だとしたら、ユーモアが楽しいのは、ユーモアと笑いが進化によって結びついたからだといえる。では、そのように楽しさと笑いが結びつくことには何か利点があったのだろうか？　それでユーモアを面白く感じるようになったのだろうか？

そもそも楽しさには進化的にどんな利点があるのだろうか？　道徳家ならこう言い張るだろう。楽しさは堕落への道だ。性欲は性的快楽がもたらす悪だ。大食いは食欲が、怠惰はセックスや食事にエネルギーを使いたがらないことがもたらす悪だ。

モーセが、神から授かった2枚の石板を抱えてシナイ山から下りてきた。そしてこう言った。「わが民たちよ、良い知らせと悪い知らせがある。良い知らせは、戒律がたった10個にまとめられたこと。悪い知らせは、姦淫の罪が外されなかったことだ」

生物学者はそれとはまったく違う見方をしている。楽しさは根本的に役に立っているというのだ。ユーモアの進化について考察して真っ先に思いつくのは、ユーモアはもっと楽しくなるためのものだという仮説である。[20] しかしこの仮説には、楽しさそのものには進化的利点がないという難点がある。仮に楽しさの遺伝子を持っていたとしても、たとえばセックス好きの遺伝子と違って、子孫の数が増えることはないだろう。セックスを楽しいものにする遺伝子が自然選択によって広まる理由は言わずもがなだ。しかし、いったいなぜ楽しむ能力全般も自然選択によって選ばれるというのだろうか？　楽しさ仮説は一見したところもっともらしいが、実は何の説明にもなっていないのだ。

もっと優れた進化仮説として、楽しさは生存や繁殖につながる行動を促すがゆえに存在するのだというものがある。一番分かりやすい例がセックスの楽しさだが、栄養価の高い食べ物を選びたがるのも同じく進化の必然だ。

セックスの代わりに食事の生活になったから、パンツも入らなくなっちゃった（can't get into my own pants）！〔訳注　'get into my own pants'には「……とセックスする」という意味もある〕

舌の表面にはデンプンの分解生成物である糖を感知するセンサーがあり、そのセンサーが送ったシグナルを脳が受け取ると、それを心地よい甘さとして知覚する。デンプンなどの炭水化物はエネルギー源だ。別の種類のセンサーはたんぱく質の成分であるグルタミン酸を感知して、それを私たちは心地よいうまみとして感じる。たんぱく質は健康に欠かせない。

このほかに、毒かもしれない苦い食べ物など、好ましくない味を感知するセンサーもある。塩に対する反応は2通りあって、低濃度ではおいしいが、危険なほど高濃度では不味《まず》い。食べ物の刺激と味覚の反応とのこうした関係性は、生まれたときからすでに脳の中に配線されている。遺伝学的手法を使ってネズミの味蕾《みらい》の回路を配線しなおしたところ、そのネズミは塩をあたかも砂糖のように食べるようになった。[21] まるで後味の悪いジョークのようだ。

不調和を認識するには、舌で糖を感知するのよりもはるかに複雑なからくりが必要なので、その配線もはるかに複雑だ。しかしその配線が行き着く先は同じで、最終的に扁桃核の中で楽しさの感情が引き起こされる。サミュエル・ジョンソン博士は「楽しさを探してもめったに見つからない」と言ったが、そもそも彼は文学博士であって、探す場所が間違っていたのだろう。とはいえ楽しさは複雑な感情であって、脳の内外にある数多くの要因に左右される。愉快な気分でなかったら、何を聞いても笑えないだろう。一方、まわりのみんなが笑っていたら、ジョークなんて聞かなくても自分も思わず笑ってしまうだろう。

類人猿はジョークを理解できるか

類人猿は遊んだりくすぐったりはするが、では不調和を認識してジョークを理解することはできるのだろうか？　エイブ・ゴールドバーグはそれを明らかにするために、ブロンクス動物園で実地調査をおこなった。

ある日、エイブは動物園に行った。ゴリラの檻の前に立っていると、ゴリラがこちらをじっと観察しているのに気づいた。エイブがゴリラに手を振ると、ゴリラも手を振ってきた。お腹を叩くとゴリラも同じ身振りをした。飛び跳ねるとゴリラもジャンプしはじめた。しかめ面をしたり、自分の髪を引っ張ったり、片足でジャンプしたり、その場でぐるぐる回ったり、胸を叩いたりすると、そのおどけた行動を檻の中のゴリラはそっくり真似した。

すると不意に突風が吹いて、エイブの目にごみが入った。エイブは目をこすりながら檻に近づいていった。そしてごみを取ろうと下まぶたを引っ張ると、ゴリラが怒り出した。檻の柵に身体をぶつけ、手を伸ばしてエイブをつかみ、激しく叩きはじめたのだ。騒ぎを聞きつけてやって来た飼育係にエイブは、何があったのかを話した。すると飼育係はうなずいて、ゴリラの言語で下まぶたを引っ張るのは「くそったれ！」という意味だと説明した。

説明を聞いてもエイブは気が収まらなかったが、ともかく理解はした。それでも帰り道、どんどん腹が立ってきた。そして復讐を企んだ。翌日、大きいナイフを2本、パーティー用のとんがり帽子を2つ、パーティー用のピロピロ笛を2本、大きいソーセージを1本買ってきた。そしてソーセージをパンツの中に入れて動物園に急ぎ、ゴリラの檻のところに行って、帽子とナイフとピロピロ笛を1つずつ檻の中に投げ込んだ。

このゴリラが人の真似をするのはもう分かっている。エイブはとんがり帽子をかぶった。するとゴリラはエイブを見て、落ちている帽子をかぶった。エイブがピロピロ笛を取り出して吹くと、ゴリラも笛を手に取って同じように吹いた。笛を吹きながらぐるぐる回ると、ゴリラも同じ行動をした。ナイフを取り出して頭の上で振りかざすと、やはりゴリラは真似した。そこでエイブは、ここぞとばかりにパンツの中からソーセージを取り出してスパッと2つに切った。するとゴリラは手に持ったナイフを見て、自分の股に目をやり、そして下まぶたを引っ張ったのだ。

動物園の類人猿は見物客を叩かないようしつけられているはずなのに、驚くことにこのゴリラは実際にこのような行動をした。ものまねは遊びに欠かせない要素で、進化上の大きな目的である学習にとっても欠かせないが、エイブがこのゴリラにたいして教えることはできなかった。

ココというゴリラの話

ゴリラやチンパンジーはヒトのような声を出すことはできないが、飼育されていた類人猿の中には、改良版のアメリカ手話（ＡＳＬ）を教わって世話係と会話できるようになったものもいる。中でももっとも有名なのが、雌ゴリラのココである。ココは1歳のときから訓練を受けはじめ、5歳半のときに子供向けの知能テストを受けたところ、人間の5歳前の子供に匹敵するスコアを上げた。ココは2018年に死んだが、46年の生涯のうちに1000通りの手振りを身につけ、また2000以上の英単語を聞いて理解できるようになったという。[22]

驚くことにココには、人間の5歳児と同じようなユーモアのセンスがあった。くすぐられるのが好きで、YouTubeには、いまは亡き喜劇俳優のロビン・ウィリアムズがココと遊びながら笑い転げる様子を収めた動画が上がっている。[23] ココはごっこ遊びもよくやった。たとえばゴムホースを手に取ってゾウの真似をし、そのゾウの鼻で大好物のフルーツジュースを飲もうとした。また、食べられないものをわざと人に食べさせようとして、相手をからかったりもした。人間の幼児と同じく、いろいろなものをわざと違う名前で呼ぶこともあった。世話係のバーバラが雑誌に載っている鳥の絵を見せると、次のような会話が交わされた。

ココ：それ、わたし。
バーバラ：本当にあなた？
ココ：ココ、良い、鳥（「良い」という手振りは「うん」という意味）。
バーバラ：あなたはゴリラでしょ？

ココ：ココ、鳥。
バーバラ：本当なの？
ココ：ココ、良い、これ（鳥を指しながら）。
バーバラ：なら私がゴリラね。
ココ：くちびる、鳥、あなた（「くちびる」という手振りは、ココが人間の女性を指したり名付けたりするときに決まって使った）。
バーバラ：私もあなたも鳥なの？
ココ：良い。
バーバラ：あなたは飛べるの？
ココ：良い。
バーバラ：飛んで見せて。
ココ：にせ者、鳥、ピエロ（笑）。
バーバラ：からかってるのね（ココ、笑う）。あなたは本当は何？
ココ：（再び笑って些細な手振りをしてから）ゴリラ、ココ。[24]

ココが笑ったことから見て、ココは鳥のふりをするのがばかげていること、つまり不調和であることを理解していたようだ。あるとき、「何が面白いと思う？」とストレートに聞かれると、「帽子」という手振りをして、手に持っていたゴムの鍵を指差し、それを帽子のように頭に載せた。別の世話係が自分の頭にピーナッツの殻を載せて「変な帽子」と言うと、ココは下まぶたを引っ張って舌を出し、楽しいという反応を見せた。

　幼い子供と同じくココも単純な言葉遊びをした。たとえば膝（knee《ニー》）を指差して、NEED《ニード》（必要である）という手振りをした。この2つの単語が音が似ていてだじゃれになることを、ココは意識していたようだ。悪ふざけもやった。あるとき、遊んでいる最中に世話係の左右の靴ひもを結い合わせて、「追いかけて」という手振りをした。

　では、ココは実際どこまで理解していたのだろうか？　世話係が誘導質問をしていたとか、研究者がココの反応を恣意的に解釈しているとか疑念を示している人もいる。ココは関係のないときに「乳首」という手振りをすることが多く、はしたないからやめなさいとよく叱られていた。[25] それは子供っぽいいたずらだったのだろうか？　あるいは、この手振りを理解していなかっただけなのだろうか？

　ゴリラ財団がオンラインチャットを開設して、一般の人が人間の通訳を介してココとおしゃべりできるようになると、それをネタにしたいろいろなジョークが生まれた。雑誌『サイエンティフィック・アメリカン』の「ココの失われた筆記録」という記事に取り上げられたものをいくつか紹介しよう。

Q：うっとうしいものってある？

ココ：大学院生。私は動物じゃないの。どういうことか分かるでしょ？

Q：手話は難しい？

ココ：いつも'heuristic'（発見的な）と'hermeneutic'（聖書解釈学の）を間違えちゃう。

Q：本は読めるの？

ココ：ウディ・アレンの初期の作品は痛快ね。ヘミングウェイはすごいことをさらっと言ってる。チョムスキーを読んでみたけど、学者ぶっていて偉そうだって思ったし、主題の根本的なところにはうなずけないわ。グッドールは面白い問題を提起しているわね。

Q：ところで、君みたいな大きいゴリラはどこで寝るの？

ココ：ちょっと待って、どこでも好きなところで寝るわよ。当然でしょ。[26]

科学では、ある現象が真実だと証明するにはふつう複数の例が求められるが、ココの行動はとても詳細に記録されているし、大勢の人に観察されたので、ゴリラにもユーモア力があってジョークまで言えるということを否定するのは難しいだろう。さらにチンパンジーもココと同じ行動をいくつも取るし、世話係に小便を掛けたり、動物園で見物客に大便を投げつけたりといったジョークもかなり好きなようだ。そもそもこの私たちだって大型のサルだ。

野生の類人猿の場合

類人猿は野生でも同じようにひょうきんな行動をするのだろうか？　ゴリラもみんなで輪になって、人間の子供がキャーキャー言って喜ぶようなジョークや下ネタを言い合うのだろうか？　そんなことはないだろうが、ココが同じく手話を教わった雄ゴリラと人間を介さずに会話している様子が観察されているので、絶滅の危機をかいくぐった野生のゴリラたちが「間一髪だったなぁ」などと言い合うのも、ありえないことではない。

最近の観察によって、野生のチンパンジーは独自の手話言語を持っていて、「やめろ」、「あっちへ行け」、「それをくれ」、「ついてこい」、「毛づくろいをしよう」、「セックスしよう」といった意味と思われる手振りを使っていることが明らかになっている。[27]しかし残念ながら、野生のチンパンジーも人間の近くで暮らしていると社会生活が脅かされて、行動の種類が少なくなってしまう。[28]ということは、チンパンジーのユーモアの才能は観察されているよりももっと高いのかもしれない。

ユーモアを言うかどうかは別として、野生の類人猿も確かに遊びをするし、人間に近い類人猿が少なくとも不調和を認識して笑うことができるというのは、進化的観点から見て重要な事実だ。ヒトにもっとも近い現生霊長類にユーモアの才能があるということは、その特徴の起源ははるか昔にさかのぼるはずだと言える。互いに近縁の複数の種が同じ特徴を持っていたら、それは共通祖先から受け継いだものだと解釈するのがもっとも自然だ。ヒトとチンパンジーの共通祖先は約650万年前に生きていて、その祖先がゴリラとの共通祖先と進化的に分かれたのはさらにおよそ250万年前のことである。[29]チンパンジーとゴリラが私たちとどこか似た行動をして似た考え方をするのであれば、私たちの知的能力の中には900万年以上前に進化したものがあると言ってほぼ間違いないだろう。

笑いは集団の絆を築く

進化心理学者のロビン・ダンバーは、チンパンジーとの共通祖先から分かれた後のヒトの進化において、笑いは重要な役割を果たしたと論じている。私たちの祖先が笑う能力を進化させたのは、社会集団の絆を築くという利点があったためなのだという[30]。多くの動物は社会集団を作ることで、捕食者から身を守ったり、交尾のチャンスを増やしたり、集団で狩りをする動物の場合には食料を得たりする。

霊長類の社会はとりわけ絆が強く、しょっちゅう毛づくろいしあうことで長い年月にわたり関係を維持する。ダンバーによれば、毛づくろいは時間がかかりすぎて、それでは集団を50個体より大きくできないため、人間の社会がそれより大きくなると、絆を維持する別の方法が必要になったのだという。その結果、いわば発声による毛づくろいともいえる笑いが生まれ、言語が進化するまではそれが人どうしを結びつけていたのだ。

笑い合うことで絆が結ばれるというダンバーの説はおそらく正しく、のちほどその証拠を見ていくことにする。笑い合うと脳内麻薬のエンドルフィンが分泌される[31]。エンドルフィンは幸福感をもたらして相手への思い入れを強めさせ、ギャグを受け入れやすくさせる。『ニューヨーク・タイムズ』で世界一面白い男と評されたヴィクター・ボーグも、「笑いは2人の人間の最短距離だ」とズバリ言っている。

笑いの起源とは何か

しかしダンバーの説にも難点がある。自然選択によってこのような形で笑いが進化するためには、人類史上最初に笑った人がそこから恩恵を受けなければならないのだ。仲間たちはその人をどう受け止めるだろうか？　きっと戸惑うだけで、お返しに笑い返すことなんてないはずだ。したがって最初に笑った人は、ダンバーが笑いの進化の推進力と考えた恩恵を享受できないだろう。笑いを通じた社会的な絆にたとえ利点があったとしても、それが笑いの進化を引き起こす最初のきっかけになったはずはないのだ。

このダンバーの説と違って、遊戯発声が徐々に笑いへと進化し、その結果として集団を大きくすることが可能になったというシナリオのほうが、もっとずっと合点がいく。要するに、笑いは大きくなった集団を一つにまとめる絆ではあったかもしれないが、そのために進化したというのはちょっと考えにくいのだ。

以上をまとめよう。笑いはヒトに特徴的な遊戯発声だが、本来は哺乳類全般に共通している。ネズミも笑うが、ただしヒトにはとうてい聞こえないような高周波で笑う。笑う哺乳類に共通しているのは、いずれも社会性動物であって、遊びを通じて集団内での生き方を学ぶというところだ。私たちの祖先は、笑いによって絆を結ぶことで、大集団の中でも調和して暮らすことができたのだろう。親しさを表現するための1対1の社会的シグナルにはもう一つ、微笑みというものがある。では、笑いは微笑みから進化したのだろうか？

chapter

5

微笑みと進化

「朝一番に微笑む。
そして憂鬱を振り払う」

W・C・フィールズ

微笑みに込められた意味

微笑みも笑いと同じように、言語や文化の違いを超えて認識できる感情のシグナルである。ユーモアで他人と仲良くなることもあるが、微笑みのほうがもっとずっと親密になれる。笑いは近くにいる人全員に聞こえるが、微笑みは1人の相手に狙いを定められる。個人的なメッセージとして発せられて受け止められる微笑み、それにはどんな意味合いが込められているのだろうか？

フランス人とドイツ人とアメリカ人の死体が遺体安置所に運ばれてきた。3体とも笑みを浮かべていた。驚いた検死官が、死亡診断書に目を通して死因を確かめた。フランス人の死亡診断書には「死因：La petite mort（直訳では「ちょっとした死」）**」と記されていた。「ちょっとした死だって？」　変だと思った検死官が遺体を調べると、重症による死だった。そこではっと気づいた。「ああ、La petite mortっていうのはフランス語でオルガズムのことだ。だからこの男は微笑みながら死んだんだ」。検**

死官は次にドイツ人の死亡診断書に目を通した。「死因：サッカーワールドカップでイングランドが敗退したときに心臓発作」。「Schadenfreude（ざまあみろ）」と検死官は思った。最後にアメリカ人の死亡診断書を確かめた。「雷に打たれて死亡」。検死官は助手のほうを向いて聞いた。「この人はどうして微笑んでいるんだろう？」　すると助手は答えた。「写真を撮られてるって思ったんですよ」

微笑みは大頬骨筋《だいきょうこつきん》という1組の表情筋が収縮することで作られるが、そのほかに10個ほどの表情筋が作用することで、同じ微笑みでも微妙な違いが生まれる。[1] 何でも3つ1組で考えたがる心理学者は、ジョークと同じく微笑みも3種類に分類している（変な話だが）。先ほどのフランス人の微笑みは感謝タイプで、愛する人に気持ちよかったことを伝えている。ドイツ人は他者が苦しんでいることに喜びを感じたのであって（「ざまあみろ」）、その微笑みは勝ち誇った微笑みだ。アメリカ人は写真を撮られていると勘違いして、親しさを表すために微笑みを浮かべたのだった。

もちろんこの3種類のほかにも、たとえば恥ずかしがったり、ばつが悪くなったり、悲しくなったりしたときにも人は微笑むことがある。しかしそれらを脇に置いておいたとしても、そもそも感謝タイプと勝ち誇りタイプと親しさタイプの微笑みがそれぞれ違うことは、どうして分かるのだろうか？　人はこれらの微笑みをどのくらい簡単に見分けられるのだろうか？　それをほかの要因に左右されない形で調べるのはなかなか難しい。微笑んでいる人の写真や動画を被験者にたくさん見せたとしても、実験者の先入観によって実験結果が簡単にゆがめられてしまう。しかも写真の中の顔は人それぞれ違っていて、それが微笑みをどう解釈するかに影響を与えかねない。しかし、こうした困難をかなり巧妙な方法で克服した心理学者たちがいる（ちなみに6人組だ）[2]。

彼らは次のような実験をおこなった。まず、人間の顔のリアルなアニメーションを生成するコンピュータソフトウエアを使って、わずかな表情の違いを生み出す小さな筋肉の収縮を真似し、ランダムな違いを加えた微笑み顔を何千通りも作った。そして被験者たちにそれらの顔を見せて、感謝タイプと親しさタイプと勝ち誇りタイプのそれぞれの微笑みにどれほど近いと感じるかを評価してもらった。そうすることで、3タイプの微笑みをそれぞれ代表する顔をいくつか選び出した。すると各タイプの表情は、容易に見分けがつくような形で互いに違っていた。具体的に言うと、感謝タイプの微笑みは左右対称で、両眉が上がっていた。親しさタイプの微笑みでは、口がぎゅっと閉じていた。勝ち誇りタイプの微笑みは左右非対称で、鼻に皺が寄り、上唇の両端が上がっていた。

次にそれらの顔を別の被験者たちに見せ、映像の人物がどのくらい気分が良いか、他人との社会的つながりをどの程度感じているか、どのくらい優越感を抱いて勝ち誇っているかを評価してもらった。するとその第2グループの被験者たちも、3タイプの微笑みを見分けて、それぞれの顔の感情を正しく言い当てることができた。感謝タイプの微笑みも親しさタイプの微笑みも、良い気分の人が見せるものだと解釈された。また、感謝タイプの微笑みは親しさタイプの微笑みに比べて、社会的つながりが弱く感じられた。そして勝ち誇りタイプの微笑みは、ほかの2タイプとははっきりと違っていた。

気分を伝えるためのシグナル

心理学の実験は当たり前のことを証明しているだけだと受け取られがちで、この実験も、微笑みという微妙な社会的シグナルに幅広い意味があることを示したにすぎないように思える。先入観というのはなかなか捨てられないものだが、証拠と矛盾していたらあきらめて捨てるべきだ。そもそも、自分自身の動機や振る舞いを客観的に観察することなんてできない。たとえば感謝タイプの微笑み。それは本当に社会的シグナルなのだろうか？　それとも、喜びに対する自然な反応にすぎないのだろうか？　ちょっと考えてみてほしい。嬉しくて微笑んでいるときに自分が誰かにシグナルを送っているなどとは思わないだろう。そこでいくつか証拠に当たってみよう。

スポーツ選手は得点を挙げたときに微笑むのだろうか？　選手の顔を撮影した動画を見ると分かるとおり、実は勝利の瞬間に微笑むことはめったにない。[3]微笑むのはその後、観客やチームメイトのほうを向いたときだ。たとえばボウリングでストライクを出したとき、倒したピンのほうを向いているあいだは微笑んでいないが、仲間のほうに振り向くと微笑みが表れる。オリンピックのメダリストやサッカーの試合の観客も同じで、問いただすとみな「ずっと喜んでいた」と答えるが、微笑むのは他人と向き合ったときだけだ。微笑みは喜びに対する反射的反応ではなく、自分の気分を伝えるためのシグナルなのだ。

では、微笑みとユーモアとのあいだにはどのような関係があるのだろうか？　そのつながりの進化をたどることはできるのだろうか？　そこで以下のような疑問について考えてみよう。ヒトが微笑みを浮かべるようになったのはいつか？　初めの頃、微笑みはどういう意味を持っていたのか？　感謝タイプと親しさタイプと勝ち誇りタイプの微笑みは1つずつ進化したのか？　もしそうだとしたらその順番は？　微笑みとユーモアはいつどのようにして結びついたのか？　なぜ微笑みにはこれほどたくさんの意味があるのか？

笑顔を見るだけでその人のセックスの頻度を言い当てられると豪語する精神科医が、新著の宣伝のためにテレビのトークショーに出演した。そこで司会はスタジオ観覧者の中から、笑顔が目立つ1人の男性を選んだ。精神科医はその男性の笑顔をじっくりと見てこう言った。

「1日2回？」

「いいや」

「1日1回？」

「いいや」

「週2回？」

「いいや」

「毎週末？」

「いいや」

「月1回？」

「いいや」

「やれやれ、降参だ」

「年1回だ」

精神科医は色めき立った。「じゃあどうしてあんたはそんなにっこり微笑んでいるんだ?」

「今晩がその日だからさ」

中国のことわざにこういうのがある。「食事は1度で3度楽しめる。待っているときと、食べているときと、思い出しているときだ」。この精神科医はセックスも同じだというのを忘れていたのだ。

微笑みにいろいろな意味があるのは、かなり昔に進化したからかもしれない。微笑みという振る舞いが生まれてから歳月が経てば経つほど、進化によってそのシグナルの新しい使い道が見つかるチャンスは増えるだろう。もしこの仮説が正しいとしたら、チンパンジーなどの大型類人猿も私たちと同じような微笑みを浮かべるはずだ。実際に大型類人猿は微笑みと同じ役割を持ったプレイフェイスという表情を見せるが、口をだらりと大きく開くそのしぐさは、ヒトの微笑みと違って大頬骨筋によって作られるのではない。笑いと同じく微笑みも、ヒトとチンパンジーとで役割は同じだが手段は違うのだ。

ということは、ヒトの微笑みが進化したのは、チンパンジーとの最終共通祖先からヒトの系統が分かれた約650万年前より後だったと考えられる。

ヒトはその650万年前以降に、直立歩行や体毛の消失や食糧の変化、脳の肥大と知能の向上、そして言語とユーモアの獲得など、いくつもの大きな変化を重ねてきた。その長い歳月のあいだに微笑みがさまざまな意味を持つようになったわけだが、それが可能だった理由がもう1つある。微笑みはさまざまな表情筋で微妙に変化させることができるのだ。演技のうまい俳優なら、一言も口に出さずに表情だけでさまざまな感情の変化を表現できる。微笑みはもともとニュアンスを付けやすい表情であって、さまざまな意味を容易に当てはめられるのだ。

チャールズ・ダーウィンは、さまざまな感情表現は具体的な役割を持った身振りから進化したのだろうと論じた。たとえば、他人から警告のサインと受け取られる攻撃のポーズといったものだ。動物の場合、歯をむき出しにするのは脅しのしるしだ。そうだとしたら、唇を閉じて歯を隠すのはその逆の意味だと受け止められる。親しさタイプの微笑みはそうして進化したのかもしれない。親しさタイプの微笑みが定着すれば、それを微妙に変えることで別の意味を持たせられる。

次に生まれたのは、感謝タイプと勝ち誇りタイプのどちらの微笑みだろうか？　本当のところは分からないが、親しさタイプの微笑みと感謝タイプの微笑みが互いに似たように受け止められることを考えると、進化は少しずつ進むものなのだから、次に生まれたのは感謝タイプの微笑みだと推測するのが自然だ。では、勝ち誇りタイプの微笑みについてはどうだろうか？　社会集団や家族集団が親しさを通じて確立されてからでないと、そのメンバーたちが優越性を競い合うことはできない。したがって、勝ち誇りタイプの微笑みが最後に進化したと考えるのが筋が通っていそうだが、ほかの微笑みと同時に進化したということも十分にありうる。

微笑みが先か、笑いが先か

では、微笑みと笑いのあいだには進化的にどんな関係があるのだろうか？　大勢の学者が、微笑みは基本的に笑いと同じもので、ただ声を出さなくして感情を抑えただけだと論じている。[4]　つまらないジョークを聞いたら微笑むかもしれないが、面白いジョークを聞いたら笑ってしまう。ということは、弱いほうのシグナルである微笑みが先に進化して、その後から笑いが進化したとも考えられる。

だが実は、その逆であることを示す証拠がある。前に述べたように、笑いなどの遊戯発声は社会性動物全般に見られるため、それが大型類人猿はおろか霊長類よりもずっと以前の祖先で進化したのは間違いない。それに対して、イヌや類人猿はプレイフェイスは見せるが、ヒトと違って顔が平らでないため、微笑みのようなさまざまなニュアンスを出すことはできないのだ。

微笑みと笑いのどちらが先に進化したのかはよく分からないが、子供の発達においては順番がはっきり決まっている。赤ん坊は生まれてから約4週間で微笑みはじめるが、笑うようになるのは生後4か月以降だ。母親と赤ん坊で微笑み合うのは、絆を結ぶのに欠かせない。乳児が生き延びる上で母子の絆が重要なのは明らかなので、このような利点があったからこそ微笑みは進化したのかもしれない。

しかしもしそうだとしても、最初にどうやって微笑みは生まれたというのだろうか？笑いの場合と同じように、赤ん坊が最初に感謝タイプの微笑みを浮かべても、それが母親の理解できる既存のシグナルと何かしら関連性がなかったら、母親は戸惑うだけだったはずだ。赤ん坊を育てたことのある夫婦なら、「この子は微笑んでいるように見えるけれど、本当に微笑んでいるんだろうか」と考え込んでしまった経験があるはずだ。

親しさタイプの微笑みは2歳頃に表れはじめるが、勝ち誇りタイプの微笑みを浮かべるようになるのは、ユーモアが文化に大きく左右されはじめる青春期になってからだ。[5]

微笑みに関するここまでの説明の中に、ユーモアの話題はほとんど出てきていない。それは、微笑みが愉快な気分を伝えること以外にも多くの社会的役割を持っていて、「純粋に愉快さゆえの微笑み」というものが存在するのかどうかはっきりしないためだ。愉快さゆえの微笑みは、楽しいユーモアを聞かせてくれたことへの感謝としての微笑みにすぎないのかもしれない。微笑みは特定の相手に向けるものであって、いろいろな意味があって微妙なニュアンスを含んでいるが、笑いはその真逆だ。笑うと、自分が上機嫌であることが周囲の全員にはっきりと伝わる。なぜこのような違いがあるのだろうか？実は、笑いの進化にはある重要な行為が関わっていたという証拠がある。その行為とはセックスである。

chapter

6

笑いとセックス

不調和とは何か

私たち霊長類は、はるか昔から仲間と笑い合っている。笑いの起源はおそらく遊びの中でのくすぐりで、その影響は私たちの日々の生活にも残っている。仲間と一緒にいるときに笑う回数は、一人でいるときの30倍だ。また、会話の最中には聞いている人よりも話している人のほうが多く笑うので、笑いは言葉によるコミュニケーションの一部をなしていると言える。一人でいるときに笑うのは、頭の中か本の中、または画面の上に仮想的な相手がいるときだけだろう。さらに、人は笑い声が聞こえるとつられて笑ってしまう。誰かから「3本脚のニワトリの話を聞いたことがあるかい」と振られなくても、そのように笑ってしまうことはある。一方、ジョークを聞いて笑うのはそれとは違い、不調和に反応している。ではなぜ、不調和が解消されるとおかしくなるのだろうか?

不調和が実際にどんなものなのかを考えてみれば、この疑問に答えるのは容易になる。不調和は、感覚データと予想との食い違いにほかならない。たとえば、

少女が地元の図書館に行って、'Advice for Young Mothers（若いお母さん

へのアドバイス）、という本を借りようとした。司書はびっくりして、「どうしてそんな本を読みたいの？」と聞いた。すると少女はこう答えた。「蛾（moth）の収集が趣味なの」〔訳注　mothに接尾辞-er（……を趣味とする人）を付けるとmotherになる〕

頭の中で不調和を感知しているのは、エラー検出メカニズムである。この学説は何百年もかけて徐々に発展してきた。アリストテレスやホッブズやカントのユーモア理論に始まり、今世紀に入ってから、ハーレーとデネットとアダムズという3人の認知科学者が、バーに入らずに1冊の本を書くと決めたことで確立されたものだ。その本『ヒトはなぜ笑うのか――ユーモアが存在する理由』の中で3人は、ユーモアを道具として使って私たちの頭の中を覗き込んだ。ｆＭＲＩのほうが役に立ちそうだが、前に述べたようにこの2つの道具を一緒に使うのが一番有効だ。ハーレーらはまず、間違いを見つけて潰すのは生存に役立つという考えに立った。そこから300ページをかけて議論が展開されているが、本書では一足飛びに結論を示そう。

出来の悪いコンピュータソフトで痛い目に遭ったことのある人なら、エラー検出メカニズムが役に立つことは身に染みて分かっているだろう。たとえばスマートフォンの予測変換入力はお節介すぎる。

Great news — Grandma is ho…（良い知らせ：おばあちゃんが……）

homosexual（同性愛者）

おいおい。

homo hot lips（同性愛の熱いキス）
hot tulips（熱いチューリップ）

いらいらするなぁ。もういい、自分で入力する。

Grandma is h o m e from h o s p i t a l.（おばあちゃんが退院した）

スマートフォンのアプリが間違いを犯すと、頭の中のエラー訂正回路が刺激されて働き出す。不調和を愉快と感じて反応するのは、脳が認知的なバグを見つけ出すからだ。頭の中にエラー検出アルゴリズムが備わっていると明らかに役に立つのだから、自然選択によってそのようなしくみが私たちに与えられたのもうなずける。そこでハーレーらは、人間は役に立つことをやるという考えに基づいて、「笑いの喜びは、データの一貫性をチェックするという具体的な作業が成功したことに対する感情的報酬である」と主張した。[1] 要するに、進化が「宿題やれよ。楽しいからさ！」と勧めているというのだ。だが私は別の仮説として、進化によってユーモアが笑いの引き金になったときに、それとセットで楽しさも付いてきたのだと提唱したい。楽しさはもとからあったのだ。

ユーモアは求愛のためか

しかしこのデバッギング仮説には、次のように完全には納得いかない点がある。もし笑いがデバッギングのシグナルだとしたら、なぜ私たちはばかげた間違いにしか笑わないのだろうか？[2] もしも笑う楽しさがデバッギングの成功に対する報酬だとしたら、重大な間違いであればあるほど笑いは大きくなるはずだ。だが実際にはそんなことはない。パートナーの誕生日を忘れるといった重大な間違いには、自分も相手も笑わないだろう。

　間違いを見つけて命を救ってくれる重要なソフトウエアが進化によって作られたのに、それをもてあそんだときにしかご褒美が与えられないのだ。ということは、些細な不調和が解消されたときにだけ私たちが笑う理由が、また別にあるのだろうか？　その答えは「イエス」で、それはセックスと関係しているのだ。

　そのセックス仮説とは、ユーモアは求愛のためのアピールであるというものだ。最初に提唱したのは心理学者のジェフリー・ミラーで、[3] そこにはまたもやチャールズ・ダーウィンの慧眼《けいがん》が関わっている。ダーウィンは『人及び動物の表情について』を出版する１年前の１８７１年に、『人間の進化と性淘汰』という同じく画期的な本を書いた。[4] これは実は２冊を１冊にまとめた興味深い書物である。前半は人間が動物界に属していることを証明する内容で、さほど画期的ではない。それに対して後半は、同じ種でも雄と雌とで二次性徴が異なる例を、見つけられる限り包括的に取り上げている。二次性徴とは、生殖器以外に雌雄で異なる特徴のことである。たとえばヒトの場合は、乳房やひげがそれに当たる。[5] ダーウィンが知りたかったこと、それは、なぜ多くの動物でそのように雌雄の違いがあるのかだ。

　ダーウィンは、交尾相手を獲得するための条件が雌雄で違うせいで、二次性徴は進化したのだという結論に達した。求愛に役立つような特徴は、どんなものであれ自然選択によって選ばれる。ダーウィンはそのような自然選択を「性選択（性淘汰）」と名付けた。ジェフリー・ミラーはこのダーウィンの考察に基づいて、音楽や芸術やユーモアなど、人間の文化的行動の多くも、異性を惹きつけるがゆえに性選択によって進化したのかもしれないと考えた。このミラーの仮説には、芸術活動は必ずしも男女差がないという難点があるが、それについてはのちほど再び取り上げる。

性選択によって男女差が生じる根本的理由は、卵子よりも精子のほうが手軽に作れて数も多いことである。男性は毎日新しい精子を作るが、女性は生まれたときにすでに卵子の数が決まっている。このように、男性が精子を作るのよりも女性が身ごもるほうが負担が大きいことが、進化に大きな影響を与えたのだ。そしてそこからは次のようなジョークも生まれた。

かみさんは何か目的がないとセックスしてくれない。昨日の晩は卵を茹でる時間を計るのに俺を使ったんだ。（ロドニー・デンジャーフィールド）

初夜の翌朝に花嫁が「あなたすごく下手ね」と言った。すると花婿はこ

う言い返した。「たった30秒で分かるわけないだろう」

女性の立場からすると、生殖行為はまったく違って見えてくる。

出産を模擬体験するには、車のジャッキを直腸に入れて最大限まで伸ばし、空気ドリルで掘り出せばいい。それで安産だ。（キャシー・レット）

女性が男性よりも相手選びに厳しいのは、子を作るために男性よりも多くの努力を必要とするからだ。このアンバランスを鋭く感じ取っていたドロシー・パーカーは、中絶したとき、「自分の卵子を1人のろくでなし野郎に捧げた天罰だ」と言った。また自分の飼っているカナリアを、旧約聖書に登場する「子種を地面に流す」人物にちなんで「オナン」と名付けた。[6] そんな無駄遣いができるのは男性だけだ。

どうして男は何億個も精子を作るのかって？　わざわざ子作りのしかたなんて聞こうとしないからだ。

精子を無駄遣いするなと戒めている宗教もあり、モンティ・パイソンは'Every Sperm Is Sacred（精子はすべて神聖である）'という歌でそれをからかっている。[7]

性選択の2通りのメカニズム

性選択のメカニズムには、同性どうしの競争によるものと、異性間での相手選びによるものの2通りがある。雌をめぐる雄どうしの競争は多くの動物に見られ、たとえば雄のゾウが大きな牙を生やしていることや、雄のシカが発情期に枝角で戦うことはそれで説明がつく。もちろん雌どうしの競争も見られる。

ジョーン・リヴァーズ：自分の旦那のほかに、いままで寝た中で最高の男って誰？
ジョーン・コリンズ：あんたの旦那よ。
ジョーン・リヴァーズ：笑わせないでよ。うちの旦那はあんたが最高だったなんて言わなかったわよ。

女性のファッションは女どうしが競争するためだと言っている人もいる。グルーチョ・マルクスは次のような皮肉を言った。

「女が男のために恰好を気にするんだとしたら、服なんてたいして売れるはずない。ときどきサンバイザーが売れるだけだ」[8]

性選択の多くは雌が相手選びに厳しいことで起こり、そのせいで雄は極端な方向に進化することがある。その好例としてダーウィンが取り上げたのが、雄のクジャクの尾羽だ。雌のクジャクはみすぼらしい茶色で、派手に飾り立てた雄とは似ても似つかない。イングランドのウィプスネード動物園で放し飼いにされているクジャクを観察したところ、雌は凝った求愛ダンスをする雄と交尾をしたがるし、そのような雄と交尾をしたほうが多くの卵を産むことが分かった。[9] しかし日本やカナダでおこなわれた研究では、そのような雌の好みは見つからなかった。[10] もしかしたら、雄がいまだに尾羽にこだわりつづけている一方で、雌はもはや尾羽を基準に雄を選んではいないのかもしれない。動物の行動を研究しようとすると、この手の問題にはしょっちゅう悩まされる。

入念に制御した実験環境の下であれば、動物は間違いなく研究者の思いどおりに振る舞うものだ。

雌のクジャクが派手な雄を好むという傾向が最初にどうやって生まれたのか、正確なところは分からない。きっと、健康な雄のほうがもともと瞳がきれいで尾羽がふさふさしており、雌はそれらの特徴を健康の証として認識して反応するようになったのだろう。しかしひとたび雌がこうした好みを持つようになると、派手な雄を選んだ雌から生まれる子がその交尾成功の秘訣を受け継いで、進化のプロセスが暴走しはじめた。そうして雌のこの好みが定着し、性選択が繰り返されることで雄の尾羽がどんどんと派手になっていったのだろう。

交尾相手選びを通じて動物種が進化するためには、雌が優れた雄を選ぶときに着目する特徴を、劣った雄が真似できないことが重要である。つまりその特徴が、交尾相手としての良し悪しと相関していなければならない。栄養状態が良くて健康な雄クジャクだけが、巨大でセクシーな尾羽を生やせる。雄に大きな負担を掛けるそのような特徴が進化したのは、それが優れた交尾相手であることを示すシグナルとして保証されているからだ。もしそうでなかったら、見かけ倒しだけで実は劣っている雄が交尾に成功し、派手な尾羽に対する性選択は作用しなくなってしまうだろう。もしも雄クジャクがクリップ留めの尾羽を着けられるようになったら、雌の相手選びが大混乱に陥るのは火を見るより明らかだ。

雄が派手で雌が地味というのは多くの鳥に見られる傾向で、そのような鳥では雌の相手選びによる性選択が重要な役割を果たしていると思われる。それとは逆に、雄の相手選びが発揮されることもある。

ある実業家がようやく結婚を考えはじめ、デートをしている3人の女性の中から1人選ばなければならなくなった。ゴルフ仲間に相談すると、あるテストを仕掛けて誰が一番か判断すればいいと言われた。「5000ポンドずつあげて、何に使うか見守るんだ。それで決めればいい」。実業家はなるほどと思ってそのとおりにした。

1か月後、そのゴルフ仲間と再会した実業家は、ラウンド中に事の顛末を話して聞かせた。「ジェーンはその5000ポンドで婚約指輪を買って、俺にプロポーズしてきたんだ」

「おおっ、賢い子だな！　ほかの2人はどうした？」

「エリザベスは投資が得意だ。あの金で株を買って、今週50％の利益を出して売った。そしてその利益を自分のものにして、俺に5000ポンド返したんだ」

「すごい子だな！　その子で決まりじゃないか？」

「フィオナはセクシーな下着を買って、コッツウォルズの高級スパホテルに俺と一緒に泊まって、愛してるって言ってくれた。めくるめく週末だったよ」

「おいおい、3人ともありだな。それで誰にするんだ？」

「もちろん一番おっぱいが大きい子さ」

知性の証としてのユーモアの才能

ではそもそもの疑問に戻って、性選択はどのようにしてユーモアに有利に働くのだろうか？　ユーモアは知性の証であって、男女とも相手を選ぶときには知性を重視する、というのがその答えだ。詳しく説明しよう。まず、ヒトが進化する上で知性が選択されたことは、今日の状況から見て明らかだ。そこで、知性はパートナーとして好ましい特徴であるという仮説が立てられる。自分の子供だけがバカであることを望む親なんていないだろう。異性の好みに関する調査によると、女性は末永いパートナーを選ぶ際には確かに知性を重視するという。[11]

アイルランドの劇作家ジョージ・バーナード・ショー（1856-1950）は、ある有名女優から「あなたの脳みそと私の容姿を兼ね備えた子供を思い浮かべてみて」とプロポーズされて、こう言い返した。「でも、君の脳みそと俺の容姿を持った子供だったらどうする？」この絶妙な一言が物語っているとおり、知性とウィットには相関があって、賢い人ほどうまいジョークを言うものだ。これでお分かりだろう。ヒトにとってユーモアの才能は、クジャクにとっての尾羽と一緒である。賢い子供を作れるセクシーな人だというまぎれもない証拠なのだ。

しかし一つ納得がいかない。「バーナード・ショーは、ジョークを言う人は賢くてセクシーだということをネタにジョークを言っている。自画自賛しているだけじゃないのか？」当然湧いてくる疑問だ。そこで、知性をアピールする手段としてユーモアは生まれたのだということを示す証拠を見つけなければならない。だがその説の検証にかかる前に、ヒトとクジャクの違いに注目しておこう。クジャクの場合、派手なディスプレーをするのは雄だけだが、ヒトでは男女ともにユーモアを言う。そのため、ヒトでは性選択は両方向に作用して、男性の相手選びと女性の相手選びの両方に由来するという仮説が立てられる。ユーモアの重要度が男女で等しいかどうかはまた別の問題で、それについてはのちほど考えることにする。

まず、知性やユーモア力が親から子に遺伝するかどうかを明らかにしなければならない。どちらか一方が遺伝しなかったら進化できないので、ここで先ほどの仮説はあきらめるしかない。次に、ユーモア力が知性と相関しているかどうかを知る必要がある。もし相関していなかったら、性選択仮説はお払い箱だ。さらに、ユーモア力が相手選びに影響をおよぼすかどうか、およぼすとしたらどうやっておよぼすかを解明しなければならない。たとえば、ジョークを言う人は愉快で、浮気相手としては良いが、一緒に子供を育てるとなると信頼できないとしたら、先ほどの仮説は破綻してしまう。これらのテストをすべてパスしたら、次に、ユーモアの性選択がどのようにして始まったのかを解き明かさなければならない。９００万年以上前にくすぐり合っていた段階から、パブで面白いことをおしゃべりするまでには、ものすごく長い道のりがあったはずだ。

知性やユーモア力といった特徴が遺伝するかどうかを調べるには、双子どうしを比べてみればいい。

氏か育ちか

男：俺のかみさんは双子なんだ。
友人：そうなのか。まぎらわしいな。どうやって見分けてるんだ？
男：もう一方はひげを生やしてるのさ。

母親の子宮の中で1個の受精卵が2個に分かれて生まれたのが一卵性双生児、2個別々の受精卵から生まれたのが二卵性双生児だ。二卵性双生児は遺伝学的にはふつうのきょうだいと変わらない。知性が遺伝するかどうかを調べるためのロジックは次のとおり。もし遺伝子が知性（ＩＱ）に影響を与えるとしたら、一卵性双生児どうしのＩＱの差は二卵性双生児どうしの差よりも小さくなる。一卵性双生児でも二卵性双生児でも、一緒に育てられた双子どうしで環境による影響は同じだが、一卵性双生児はそれに加えて遺伝子的にも同じなので、もし遺伝子が知性に影響を与えるとしたら、二卵性双生児どうしよりもＩＱの差は小さいはずだ。

氏《うじ》と育ち、つまり遺伝子と環境のどちらが知性を左右するかについては、何十年も論争が続いているが、幸いにもここではその泥沼の論争に首を突っ込む必要はない。知性を含めどんな心理学的特徴も遺伝子と環境の両方から影響を受けることが、双子の研究によってはっきりと証明されているからだ。[12] 遺伝子が知性にわずかな影響さえ与えれば、選択によって何世代もかけて知性は向上していく。ＩＱをめぐる論争で的となっているのは、「遺伝子はＩＱにどのくらい大きな影響を与えるか」という疑問である。しかし、実際の人間の知性は遺伝子と環境が影響し合って決まるものなのだから、この疑問は見当違いだ。[13] たとえば学力は遺伝子から影響を受けるが、優れた教育を受ければ遺伝子のハンデを補うことができる。

ここである興味深い疑問が浮かんでくる。もし知性が子孫の数に大きな影響を与えるとしたら、数百万年のあいだに自然選択によってきわめて賢い人たちだけが選ばれてきたはずなのに、なぜいまだに知性には遺伝的な多様性が残っているのだろうか？　本来なら優れた遺伝子が劣った遺伝子を残らず駆逐してしまって、私たちはみなアルベルト・アインシュタインのように賢く、ドロシー・パーカーのようにウィットに富んでいたはずではないのか？　しかし実際にはそんなふうにはなっていない。それはおそらく、知られているだけでも約１０００個の遺伝子が知性に影響をおよぼしていて、それらの遺伝子がいっせいに同じ方向へ変化していくわけではないからだろう。多くの遺伝子は有益な影響と有害な影響の両方を持っていて、そのため自然選択が作用しても遺伝的多様性は保たれるのだ。[14]知性に影響を与える遺伝子が尽きる前に、ジョークのほうが尽きてしまうだろう。

ユーモア力は遺伝するのか

では、他人を笑わせる才能のほうも遺伝するのだろうか？　双子の研究でユーモアを言ったり聞いたりする頻度は調べられたことがあるが、他人を笑わせる能力が客観的に調査されたことはない。北アメリカでおこなわれた2つの研究では、自己評価によるユーモア力に遺伝子が影響をおよぼす証拠は見つからなかったが、イギリスやオーストラリアでおこなわれた研究では、自己評価によるユーモアの好き嫌いの個人差のうち30〜50％が遺伝子の影響によるものだということが明らかとなった。[15]国によってこのように差が出たのは、文化ごとにウケるユーモアの種類が違っていて、それによって質問への答え方に違いが出たからだろう。双子を対象としたほとんどの調査で、遺伝子が個性に影響を与えるという結果が出ているので、ユーモアセンスでも同じだと考えて差し支えないだろう。

これで性選択仮説は最初の2つのハードルを無事クリアした。ただし、ユーモア力の遺伝性に関する2つめのハードルはぎりぎりだったので、それについてはもっと直接的な証拠がぜひほしいところだ。さて、次にクリアしなければならないハードルは、ユーモア力と知性とのあいだに相関があるかどうかだ。

この難問に真正面から挑むために、心理学の科目を受講している大学生を対象とした2つの研究に注目しよう。[16] それらの研究では、各学生のユーモア力を客観的に評価し、それを知能テストのスコアと比較した。結果、どちらの研究でも、賢い学生ほどひょうきんで、それは男女ともに当てはまることが分かった。ただし残念ながら、学生を対象としたほとんどの心理学研究では、被験者がＷＥＩＲＤ（西洋・高学歴・先進国・裕福・民主的）な社会の出身者に偏っていて、人類全体のランダムなサンプルにはなっていない。[17] しかし逆の証拠が出てくるまでは、これらの研究で示されたとおり、ウィットは賢さの正真正銘の指標であるという結果を受け入れることにしよう。

ユーモアのある人はモテる？

次に立ち塞がるのは、ひょうきんだとセックスに有利なのかどうかという問題だ。いま取り上げた2つの研究のうちの1つでは、この問題に答えるために、セックスの頻度と異性のパートナーの人数を質問票で答えてもらったところ、セックスにまで持ち込める度合いとユーモア力とのあいだには相関があることが分かった[18]。この結果は先ほどの仮説を支持しているが、ただしあくまでも相関性にすぎない。もしかしたら、ジョークが得意な人のほうが大勢の相手と寝られる本当の理由は、何か別の要因、たとえばたまたま背が高いとか容姿端麗だとかいった要因かもしれない。

では、ユーモア力と異性の相手選びとのあいだに因果関係があることを示す、もっと直接的な証拠はあるのだろうか？　フランスでおこなわれたある研究では、その関係性を調べるために何軒ものバーで実験をした（ほかにどこでやるっていうんだい？）。3人の若い男性（実験協力者）がおしゃべりをしていて、そのうちの1人が、近くにいる若い女性に聞こえるような声でジョークを言う[19]。おしゃべりが終わって男性2人がバーから出ていくと、残った男性がその若い女性に近づいていって電話番号を聞く。実験の結果、ジョークを言った男性が電話番号を聞き出せた割合は、言わなかった男性の2倍だった。女性はひょうきんな男性を好むという説を直接支持する結果だが、こんなにうまくいったのは2つの理由で驚きだ。第1に、男性が言ったのはかなりつまらないジョークだった。気が進まないがそのうちの1つを紹介しよう。

2人の友人が話をしている。「なぁ、100ユーロ貸してくれないか?」「悪い、60ユーロしか持ってないんだ」「ならそれだけ貸してくれ。借りは40ユーロだな」

第2の理由は、男性はジョークを言う前に必ず「面白いジョークを知ってるから聞かせてやろう」と前置きをしたので、その男性がアピールしたのは持ち前のウィット力ではなく、実は記憶力だったことだ。フランス語で聞いたらもう少し面白く聞こえたのかもしれない。

最後に、ユーモアが相手選びに影響を与えるかどうかという疑問を考える上で無視できない事実が1つある。恋人募集広告で「ユーモアセンス高い」というアピールポイントは、たいていの人が使いたがるし、選ぶ相手も決まって重視する。スマートフォンやマッチングアプリが登場する前からそうだ。

男が結婚相談所に、良い相手をまだ1人も紹介してくれていないと文句を言った。「俺がブサイクでユーモアセンスがなくても気にしない、おっぱいが大きい子はいないのか？」所長はデータベースを調べてこう答えた。「実は1人だけいるんですよ。あなたのことですがね」

ほとんどの人は、自分のユーモアセンスは平均より上だと思っている。しかし全員が平均以上だなんて統計学的にありえないことなのだから、誰もが自分はひょうきんだと思い込んでいるにすぎない。嗅覚が優れている人がいいとか、平均より上の味覚の人がいいとかと言う人はいない。男性よりも女性のほうが、異性の相手にユーモアセンスを求めがちだ。男性もユーモアセンスを重視するが、明らかに女性ほどではない。男性が本当に求めているのは、自分のことをひょうきんだと思ってくれる女性だ。[20] ヴァージニア・ウルフも次のような皮肉を言っている。

女は何百年も昔から、男の身体を実際の2倍の大きさに映し出す魔法の鏡であった。もしもその魔法力がなかったら、この地球はいまだに沼地やジャングルばかりだっただろう。[21]

ユーモアセンスに関する男女差

ここで、ユーモアセンスを重視する度合いが男女で違うのは、遺伝的でなく文化的な要因によるものなのかという疑問を考える必要がある。53か国の計20万人以上を対象としたインターネット調査で、異性の好みの男女差はどの国でもほぼ変わらないことが分かった。23の特徴の中から選んでもらったところ、男性が女性に求めるトップ3は知性、容姿、ユーモアだった。女性が男性に求めるトップ3はユーモア、知性、誠実さだった。[22] 注目すべきは、男女とも相手を選ぶ際には知性とユーモアを重視し、その男女差は小さかったことだ。

さらに、ユーモアに対する文化的影響の原因が国の違いだけではないことにも注目しなければならない。ほとんどの国は男性優位の父権社会で、女性よりも男性のほうがひょうきんだという先入観がある。[23] 男性はそう信じているが、実は女性のほうが会話の最中に笑うことが多い。とくに女性ばかりのときにはそうだ。[24]

第二次大戦中、婦人農耕部隊の2人の隊員が畑でニンジンを掘っていた。すると1人が巨大なニンジンを引き抜いてもう1人のほうを向いた。「ほら見て、旦那のことを思い出すわ！」

「あらまあ。そんなに大きいの？」

「いやいや。こんなに汚いのよ」

いまだ男性優位のお笑い界で女性コメディアンが次々に活躍しているのを見ると、女性にユーモア力が欠けているなんてことはなくて、いままで表に出ていなかっただけだというのが分かる。

こうして性選択仮説はすべてのハードルを見事クリアし、私たちが知性をアピールするためにユーモアを使っているわけを、パートナー選びに基づいて説明できたように思える。ヒトの場合はクジャクと違って、ユーモア力の性選択は理屈上、男女両方の相手選びに作用する。[25] 雄クジャクが子孫に影響を与える手段は遺伝子だけだ。クロウタドリなどの鳥や一般的な人間社会と違って、雄は子育てに参加しない。もしも人間の男性がパートナーに提供できるのが精子だけだったとしたら、全財産をつぎ込んで女性の気を惹くしかない。しかし妻や子供の世話がセットになれば、女性にとっての男性の価値は上がり、結果として男性も相手を選べるようになる。男性が相手を選べるのは、遺伝子のほかにも女性に提供できるものを持っているからなのだ。

「女を性的に興奮させる装置はいくらでもある。中でも一番なのがメルセデス・ベンツ380SLコンバーティブルだ」（スティーヴ・マーティン）

クジャクの尾羽とヒトの脳には、もう一つ重要な違いがある。雄のクジャクは雄だけにしかない特徴をアピールするが、ヒトがユーモアを使ってアピールする知性は、男女ともが持っていて、男女ともが価値を置く特徴だ。男性にしかないY染色体はゲノムのごく一部にすぎず、その中に知性に関わる1000個以上の遺伝子をすべて収めることなど不可能だ。そのため知性に影響を与える遺伝子は、必然的に男女ともが持っていて、男女ともで機能を発揮する。ジョージ・バーナード・ショーにプロポーズしたあの女優は正しかった。もしも彼女がバーナード・ショーの子供を産んだら、その子供は性別にかかわらず、バーナード・ショーの知性と彼女の容姿をかなり受け継いだことだろう。知性も容姿もたくさんの遺伝子によって決まるのだから。ウィットに富んだバーナード・ショーも、遺伝学については素人だったようだ。

ユーモア力に伴うコスト

雄クジャクの尾羽はユーモアの性選択のモデルとしては中途半端かもしれないが、ヒトとクジャクに共通する特徴でまだ説明していないものが1つある。

どうしてあのクジャクは線路を横切らなかったの？
列車に飛び乗るつもりがなかったからさ。

ユーモアもクジャクの尾羽と同じく、下手をすると不利に働きかねない。このジョークもスベったんじゃないだろうか。たぶんフリとオチの不調和が十分でなかったからか、または複雑すぎたからだろう。笑わせるつもりだったことは分かるが、失敗作だ。このようにユーモアは危険をはらんでいる。失敗したら恥をかく。

先ほど説明したように、性選択が作用するには、アピールポイントを作るためのコストが大きくなければならない。そうでないと、見かけ倒しが次々に現れてそのアピールポイントの価値がなくなってしまう。ユーモアで知性をアピールする場合には、称賛とともに嘲笑にもさらされてしまうことがそのコストに相当する。人を笑わせようとしても、自分自身が笑いものになって惨めな目に遭いかねない。[26]ユーモアにはその危険が潜んでいて、かなりウィットに富んでいないと避けられない。ごまかしは利かない。人間は、たとえ言語の壁に隔てられていても、本物の笑いと作り笑いをうまく見分けられるのだ。[27]

先へ進む前に、ここまでの話をまとめておこう。すべての哺乳類の子供は遊びをして遊戯発声をおこなう。遊戯発声の由来は、「異常なし」と伝えるためのシグナルだったと思われる。それが笑いの進化的起源だったようだ。笑いが伝染しやすいのは、遊んでいる仲間全員が、自分には危害を加える意図はないことを知らせ合う必要があるからだろう。[28]そののちにユーモアが笑いの引き金として新たに付け加えられ、もともとの遊戯発声が持っていた、楽しさ、安全性、自発性、伝染性という特徴が引き継がれた。ユーモアは、予想と感覚データとの不調和が解消されることで生み出される。それは一種のデバッグ機構だが、危険でない不調和のときにしか笑いは引き起こされないので、デバッギングがユーモアの最大の役割であるはずはない。それに代わる仮説として幅広いデータで支持されているのが、パートナー選びを介した性選択で有利に働く知性をアピールするもの、それがユーモアであるという説だ。

笑いは最良の薬？

性選択仮説はここまでは問題ない。では、ユーモアがもたらすもう1つの恩恵と考えられる、「笑いは最良の薬」という効果についてはどうだろうか？　文字どおりに解釈するならそれは間違っている。誰よりも笑いに接しているはずのアマチュアスタンダップコメディアン500人を調査したところ、実は同年代の同性の人よりも健康状態が悪いことが分かったのだ。[29]それどころか、コメディアンと俳優を比較するとコメディアンのほうが若くして死ぬという証拠すらある。さらに困ったことに、理由はいまのところ定かでないが、面白いコメディアンほど若死にする傾向がある。[30]イギリスのコメディアン、トミー・クーパーは、63歳のときショーの最中に命を落とした。これらの研究はいずれも医学研究の基準を満たしておらず、実際の薬の治験と違って二重盲検法を用いてはいない。とはいえ、芸能人全般の低い基準から見てもスタンダップコメディアンがもっとも不健康な職業であることは間違いなさそうだ。コメディアンは人を笑わせる側だ。一方、たくさん笑った客のほうが長生きするかどうかを調べた人は、私の知る限りまだ誰もいない。

「笑いは最良の薬」ということわざは、それ自体が進化の歴史を持っている。おおもとは、聖書の『箴言《しんげん》』第17章にある「喜びを抱く心はからだを養う」という一節である。この主張は科学的証拠によって裏付けられているが、ただし条件がある。思わず出てきてしまう笑いは確かに生理学的な効果をもたらし、度が過ぎると一時的に何もできなくなるほどだが、笑うことが運動のように身体に良い影響をもたらすという証拠はないのだ。[31]

これに対して、笑いが幸福感や精神状態に良い影響を与えることは確実に裏付けられている。[32] 笑うとエンドルフィンが分泌されて気分が上がるだけでなく、痛みを感じにくくなる。[33] また、ストレスがかかっているときに頭を使ってジョークを言うと、そのストレスに耐えられるだけでなく、後からそのストレスのトラウマに押しつぶされずに済む。[34]

では、そもそも笑いが進化したのは、笑いが心の健康にプラスの効果をもたらすからだったのだろうか？　そうかもしれないが、その役割はさほど大きくはなく、性選択に取って代わるほどではないだろう。笑いの特徴の多くは遊びやパートナー選びに由来しているので、健康効果だけでは笑いの進化は説明できない。まだユーモアセンスを持っておらず、ユーモアと笑いを結びつけていなかった太古の祖先にとって、些細な不調和を見つけ出すことに何かしらの健康効果があったとは思えない。

だがその一方で、ひとたびユーモアと笑いが進化し、それらに伴ってホルモンが分泌されて気分良く感じられるようになると、その結果として生じる心の健康へのプラスの効果が、新たにユーモアのメリットに加わったのではないかとも考えられる。メリットが付け足されていくというのは進化ではよくあることで、笑いの健康効果もそうだったのかもしれないが、単なる偶然の産物だったという可能性もやはりある。

以上ここまで、笑いの生物学的側面を徹底的に掘り下げて、その進化の歴史を暴いてきた。

進化論を信じない人のことを何ていう？
霊長類変化否定者。

一番重要なのは、「なぜ私たちは進化によって笑うようになったのか？」というのが、そもそも科学的に意味のある疑問だというのに気づくことである。それに気づきさえすれば、笑いがはるか昔に起源を持つ遊戯発声の一種であることはすぐに分かる。ユーモアが笑いの引き金になったのはもっとずっと最近のことだが、そのもととなったのは、脳に最初から備わっていた別の機能、エラー検出機構である。面白いことに人間は、些細な間違いや不調和にしか笑わない。それは、人を笑わせる目的が生き延びることや身を守ることではなく、自分をアピールして異性を惹きつけることだからだ。そこで鍵となるのが性選択である。ユーモアは、自分に魅力的なウィットがあることをアピールする手段なのだ。

chapter

7

ジョークと文化

じいさんのように寝ているあいだに安らかに死にたいものだ。じいさんが乗せていた客のように恐怖で叫びながらじゃなくてね。

「世界一面白いジョーク」

世界一面白いジョークを求めて2001年におこなわれた大規模インターネット調査、LaughLabによると、これがスコットランドで一番ウケたジョークだったという。[1] LaughLabには70か国の人から4万件のジョークと35万件の格付け評価が寄せられた。イングランドで最高評価を得たジョークは、スコットランドと違って次のようなものだった。

ゲス男が2人、バーの椅子に座っていた。やがて1人がもう1人をなじりはじめた。「俺はお前の母ちゃんと寝たんだぞ！」店じゅうが静まりかえり、もう1人の男が何て言い返すか誰もが耳をそばだてた。最初の男がまたもや叫んだ。「俺はお前の母ちゃんと寝たんだぞ！」するともう1人がこう言った。「もう帰れよ、父さん。酔っ払ってるぞ」

ブラックジョークとスポーツが好きなアメリカ人が一番気に入ったのは、次のジョークだ。

ある日、男と友人が地元のゴルフコースでプレーしていた。1人がグリーンを狙ってチップショットを打とうとすると、コース脇の道を長い葬列が進んでいるのが見えた。男は途中でスイングを止めて帽子を脱ぎ、目を閉じて頭を下げた。

友人が言った。「おお、こんなに思いやりがあって感動的な行動、初めて見たよ。本当に心優しいやつだな」

すると男はこう答えた。「ああ、35年も付き添ってきたからね」

カナダ人が一番笑ったのは、隣の超大国をからかったジョークだ。

NASAは宇宙飛行士を宇宙に送り出しはじめるとすぐに、無重力ではボールペンが書けなくなることに気づいた。NASAの科学者はこの問題を解決するために、10年の歳月と120億ドルの費用を掛けて、無重力でも、上下逆さまでも、水中でも、さらにガラスなどほぼどんな素材にも、氷点下から300℃までどんな温度でも書けるボールペンを開発した。一方、ロシア人は代わりに鉛筆を使った。

LaughLabに参加したすべての国の人の中で一番乗り気だったのは、ユーモアを誇りにするイギリス人ではなく、ユーモアの評判が悪いドイツ人だった。ドイツ人が気に入ったジョークは次のようなものだ。

1人の兵士が変な行動をしているのに将軍が気づいた。手当たり次第に紙を拾い、しかめ面をして「これじゃない」と言っては、もとのところに戻しているのだ。それがしばらく続いたので、将軍はその兵士に心理テストを受けさせることにした。臨床心理士は、その兵士は精神が錯乱していると診断し、除隊許可証を書いた。すると兵士はそれを手に取って、微笑みながらこう言った。「これだ」

LaughLabを企画した心理学者のリチャード・ワイズマンは、たくさんのジョークを読んでたくさん笑い、コンピュータでちょっと計算をした末に、世界一面白いジョークなんて実在しないという結論に達した。[2] ユーモアも色とりどりだし、国ごとに文化的要素もかなり違っていたのだ。ユーモアオリンピックでは、各国がそれぞれ独自のルールでプレーしている。当たり前のようだが、ちょっと考えてみてほしい。ジョークが違っても、ユーモアを聞いて発動される脳のメカニズムは同じである。国ごとの違いは文化的なものなのだ。

社会における笑いの役割

ユーモアは人間のコミュニケーションや社会的交流の中に溶け込んでいるので、ユーモアの中核をなす不調和という要素は、複雑きわまりない文化の奥に隠れて見えなくなってしまっている。アリストテレス以来の偉大な思索家たちは真理の一端を垣間見てきたが、優越感仮説などの対立理論も無視できずに生き長らえてきた。だが、ここまでの説明でユーモアの真髄を見つけてその生物学的および進化論的な起源を解き明かしてきた私たちなら、不調和というユーモアのエッセンスを覆い隠している文化的要素が何であるかをもっとはっきりととらえることができる。それは社会現象である。

この章の狙いは、不調和の解消が文化ごとにそれぞれどのように表現されていて、それを支配する何らかの法則があるのかどうかを明らかにすることである。そこで、社会における笑いの役割、つまり笑いの社会的機能に注目していくことにする。

社会心理学者に言わせると、笑いには微笑みと同じく、以下の3つのおもな役割があるという。1つめは、感謝を示して社会的な絆を強くするという役割。2つめは、集団内の親しさを育むという役割。3つめは、他のグループに対する優越性を示すという役割である。[3] もちろんそのほかに4つめとして、体制に楯突くという、弱者にとっての武器としての役割も付け足さなければならない。この4つの機能に注目して、さまざまな文化のジョークでそれらがどのように使われているかを見ていくことにしよう。

最初に注意すべきは、「機能」という言葉が生物学と社会心理学とでまったく違う意味で使われていることである。生物学で、たとえば「腎臓の機能は血液中から老廃物を除去することである」という文は、身体の働きの中で腎臓が果たしている生理学的役割を表現している。生理学的機能は健康への影響を調べれば容易に特定できる。腎臓が不調を来したら、移植を受けるか、透析をするか、さもなければ葬儀屋を呼ぶしかない。

進化の推進力である自然選択は個体ごとに作用するので、腎臓が進化した理由は容易に分かる。ナメクジも腎臓を持っているが、それは余計な話だ。

笑いのような社会的行動も自然選択を通じて進化するが、そのプロセスを正確に解き明かすのは難しい場合が多い。性選択を通じて笑いが進化してきた経緯を完全に把握できるようになったのは、ごく最近のことである。社会的行動の進化を解き明かすのが難しいのは、生理学的機能と違って1個体の身体に作用するのでなく、複数の個体の心に作用するからだ。社会的行動が1つの個体にどのように有利に働くかは他者の反応に左右されるので、複雑さのレベルが1段階高くなってしまうのだ。

笑いの進化的起源は遊戯発声だったので（第4章）、笑いが持つ4つの社会的機能のうちでもっとも理解しやすいのは、感謝を示すという役割である。動物が社会性を獲得する上で遊びは重要であり、各個体にとって明らかなメリットがある。同種のほかの個体と安全に交流して、生存や繁殖のために他者に頼る術を、遊びを通じて学ぶのだ。

集団内の親しさを育むという、笑いの2つめの社会的機能も、感謝を示すという笑いの機能がもとになっている。その由来をたどっていくと、遊びにおけるユーモアの起源に行き着く。笑いは集団内での社会的協調性に欠かせないものだ。社会的場面で親しさが各個人にどのような恩恵をもたらすかは容易に分かる。たとえばグラスゴーのパブには、次のような文言が掲げられている。

このパブでは誰もが幸せを運ぶ
運んでくる人もいれば
持ち帰る人もいる[4]

笑いは親密感を生み出す

社会的な笑いによって分泌されるエンドルフィンは、愛情と幸福感をもたらし、その影響は測定することができる。心理学専攻の学生100人近くを被験者として使って、ユーモア心理学のある研究がおこなわれた。[5] まず、初対面の同性の学生どうしを2人1組のペアにした。そのうちの半数のペアには、目隠しした状態でダンスのステップを習うといったばかげた課題に一緒に取り組んでもらった。残り半数のペアには、似てはいるがもっと真面目な課題を課した。のちに質問したところ、ばかげた課題に取り組んで一緒に笑ったペアのほうが、真面目な課題に取り組んだペアよりも明らかに親密になった。さらに、事前のテストでユーモアセンスの高かった学生ほどその効果は強く出た。

それとは違うアプローチを使った別の研究では、162人の学生を対象に、日常生活の中で笑いがどのような役割を果たしたかを2週間にわたって観察することにした。[6] 各学生には、10分以上続いた社会的交流をすべてオンラインで記録させた。それぞれの交流について、笑いが起こったかどうか、自分がその交流に良い感情を抱いたかどうか、相手は顔見知りだったか初対面だったかも記録してもらった。そうして2週間で5500件以上の実例が集まった。その結果、誰かと社会的交流をしたときに笑いが起こると、それと同じ人か別の人かにかかわらず、次に人と会ったときの交流の経験が良くなった。前に笑っていると、誰と会っても親密感が高まるのだ。だがその逆に、誰かと会って親密感を抱いても、次に人と会ったときに笑いが増えることはなかった。要するに、笑いが親密感を生み出すのであって、その逆ではないのだ。

幸せは伝染する

いずれの研究もさほど驚くような結果ではないが、日常生活の中で笑いが良い交流を広げることを科学的に裏付ける貴重な結果ではある。もっと驚くような研究結果もある。5000人近い人を20年にわたって観察した大規模な研究によって、幸せは伝染しやすく、ユーモアセンスの高い人が1人いると、その人と出会った人だけでなく、その人と出会った人と出会った人もプラスの影響を受けることが分かったのだ。[7]

この研究の舞台となったアメリカ・マサチューセッツ州のフレーミングハムという小さな町では、3世代にわたる住民が心臓疾患の長期的な医学研究に参加していた。この「フレーミングハム心臓研究」では、定期的な健康診断に加え、交友関係や家族関係、隣人や仕事仲間も記録された。被験者全員に定期的に回答してもらった質問票には、鬱かどうかを判定するための質問も含まれていた。その質問の回答選択肢のうちでもっともポジティブなものは、「先週、未来に希望を感じた」、「幸せだった」、「生活を楽しんだ」といったものだった。

本来この研究は心臓疾患を対象としたもので、1人の人の気分がその人と付き合いのある人にどのような影響を与えるかを調べる目的はなかった。そのため、自分は幸せだと回答した人が実際に友人や家族と一緒に笑ったのかどうかは分からない（ふつうに考えれば笑ったのだろうが）。それでもこの研究によって、フレーミングハムの町の中で幸せな人のクラスターが形成されることが分かった。幸せな人たちには互いに社会的なつながりがあったのだ。

この観察結果だけでは、「類は友を呼ぶ」効果、つまり幸せな人どうしが引き寄せ合っただけだという可能性もある。[8] もちろんそれがもっとも単純な解釈だろうが、フレーミングハムでの調査が何年にもわたって繰り返しおこなわれたおかげで、それとは違う仮説を検証することもできた。その仮説とは、1人の人の幸福度が変化すると、その人の知人の幸福度も変化するというものである。そして実はこの仮説どおりの結果になったのだ。

1人の人が幸せになると、その人から半径1マイル（約1・6キロメートル）以内に住んでいる友人のうちの25％も幸せになった。同様の効果は隣人にも、さらには効果は小さいものの、同居している配偶者や近くに住んでいるきょうだいにも見られた。1人の人の幸福度が変化したことによる影響は、直接の友人だけでなく、3段階隔たっている人、つまりその人の友人の友人の友人にも見られた。そして住んでいる場所が遠いほど、また会う頻度が低いほど、そのプラスの効果は小さくなった。

2008年、コミュニティーの中で幸せが波紋のように広がることを示したこの研究が発表されると、大きな反響が起こった。そして科学の常として、もっと単純で常識的な解釈ができるはずだという健全な懐疑論が湧いてきた。「幸せな人が幸せな人と付き合っているだけじゃないのか？」というのだ。その一方で、先ほど述べたように、笑っている人と会うと気分が良くなるということを踏まえれば、幸せが波紋のように広がるというのは予想どおりの現象だとも言える。ただし、確証バイアスに惑わされないよう注意しなければならない。筋の通った結果が得られただけでは、真実とは言えないのだ。


隣人が車に小麦粉をふりかけているのを見かけた。

「何でそんなことやってるんですか？」

隣人は「シロクマよけですよ」と答えた。

「でもこのへんにシロクマなんていませんよ」

「でしょ？　効いてるんですよ！」


1人の人が幸せだとその友人の友人の友人も幸せになることを確実に裏付けるには、ランダムに選び出した人の気分を操作して、その人の社会ネットワーク内で幸せの波紋が広がるかどうかを調べ、それを、気分を操作していない対照群と比較するしかない。フレーミングハムでの研究は幸福度の時間変化を追跡したため、この基準に近いものではあった。しかし最初の人の幸福度が変化した理由は不明だし、実験者が人々の生活に意図的に介入したわけでもない。もちろん同意なしに人の気分を操作するのは倫理的に許されない。そのため、この研究で見出された効果が本当に、友人や隣人に幸せが伝染した結果なのかどうか、それを確証するのは不可能だ。同じことを経験した結果だという可能性も大いにある。たとえば結婚式などのイベントがあれば、やはり集団全体の気分が上がるだろう。

フェイスブックを利用した研究

科学研究がお墨付きを得るには再現性を満たさなければならないが、フレーミングハムでの研究は事実上二度とおこなえない。そこで社会科学者は、社会ネットワークの中で幸せなどの感情が伝染する証拠を別のところに探すしかなかった。そしてその証拠はフェイスブックの中で見つかった。

フェイスブック社の1人のデータ科学者とコーネル大学の2人の同業者が、70万人近いユーザーに送られるニュースフィードから、ポジティブな、またはネガティブな投稿を削除するという大規模なネット実験をおこなったのだ[9]。その結果、操作されたニュースフィードを受け取った人は、受け取った投稿につられて、自分自身もポジティブな、またはネガティブな投稿を減らすことが分かった。この変化は実験的な操作の結果として起こったものなので、この研究は、フェイスブックの社会ネットワーク内で感情が伝染することを確実に証明していると言い切ってかまわない。

困ったことにこの研究では、ニュースフィードを操作していることも反応を追跡していることも被験者には伝えなかったので、被験者は実験に同意をしていないし、実験に参加しないという選択肢もなかった。通常の社会科学の倫理原則には反しているが、当時のフェイスブックのデータ利用規約では許される範囲内だった。研究結果が発表されて倫理的な懸念が噴出すると、この研究報告を掲載した一流学術誌の編集部は懸念を表明した。学術研究におけるこのような倫理観の低下は、早くも1946年に詩人のW・H・オーデンが予期していた。ハーヴァード大学の卒業式の式辞で、学問の自由に関する「十戒」を卒業生たちに授けたのだ。その一部を紹介しよう。

研究プロジェクトをうらやましく思うべからず
役人にこうべを垂れるべからず
アンケートに答えるべからず
世界情勢に関する質問にも答えるべからず

コンプライアンスを守るべし
すべからく検証すべし
統計学者にこびへつらうべからず
社会科学に手を染めるべからず[10]

ネット上で倫理的に社会科学の研究をおこなう方法はいくらでもある。ある巧妙な研究では、ニュースフィードを故意に操作することの倫理的問題を避けるために、代わりに天気を利用した。その研究では、雨が降っている町のユーザーの投稿にはネガティブな感情が表現されていることが多く、しかも、そのとき雨が降っていなかった町に住む、その人の友達や、友達の友達も、ネガティブな投稿をする割合が高いことが分かった。[11]ソーシャルメディアを使ったこのような研究によって、人の気分は伝染しやすいという仮説は裏付けられたが、ただし一つ注意点がある。

何百万件もの投稿を対象としたこれらの研究では、統計的にポジティブまたはネガティブな感情と関連づけられた特定の単語の有無に基づいて、コンピュータアルゴリズムを使ってユーザーの気分を推測した。投稿の中にポジティブな単語が多くてネガティブな単語が少なければ、そのユーザーは幸せを感じていると推測される。その逆もしかりだ。しかしこの方法はどれほど正確なのだろうか？　ある研究で、数百人の人に自分の気分を一日にわたって記録してもらい、その記録をフェイスブックの投稿に使った単語と突き合わせたところ、いっさい相関がないことが分かった。[12]ということは、数百万件の投稿に基づく研究で見つかった効果も実はきわめて弱く、もっと小さい社会ネットワークではノイズに埋もれて消えてしまうものと考えられる。フェイスブックユーザー一人一人の社会ネットワークはそもそも小さいものだ。

だが同じ研究で、フェイスブックの投稿に表れている気分を第三者の人間に評価してもらったところ、その評価と投稿者本人の気分とのあいだには確かに相関があった。したがって、人間の評価に基づいて訓練したソフトウエアを使えば、社会ネットワークにおける感情の伝染効果が、従来の大規模研究よりも強く出てくるだろう。

ではここで、ソーシャルメディアの研究に深入りした最初の目的に立ち返ってみよう。親しさを育むというユーモアの社会的機能について、これらの研究からはどんなことが言えるのだろうか？　前に説明したもう一つの証拠と合わせて考えると、ユーモアによって感情が伝染することで親しさが育まれ、それは面と向かってと同じくネット上でも起こるという仮説が裏付けられるのだ。

ジョークと偏見や差別

医者がよく言い合っているジョークでは、親しさと優越感という2つの社会的機能が一緒になって作用している。フランスでおこなわれたある研究で、医者の言っているユーモアを分析したところ、各専門分野の医者が互いをバカにし合うときに使うホップズ流のユーモアが次から次へと出てきた。[13]

結腸内視鏡って何？
消化器科の医者が使う、両端がケツの穴になっている道具。
外科医と神の違いは？
神は自分が外科医だなんて思ってない。
列車と精神科医の違いは？
列車は脱線したら止まる。

手術室で外科医と麻酔医を見分けるには？
外科医のガウンには血のしみが付いていて、麻酔医のガウンにはコーヒーのしみが付いている。

心電図を見つめている2人の整形外科医のことを何て言う？
二重盲検法。

かつて考えられていたのと違って、すべてのユーモアが優越感に根ざしているわけではない。それでも優越感に基づくユーモアは主要な文化的表現の一つであって、ほかとは違う社会的機能を持っている。社会統制のためにユーモアが進化したわけではないが、他人をバカにするジョークがその目的に使えるのは確かだ。アメリカでは奴隷制の時代から公民権運動が始まるまで、人種差別的なユーモアが白人の優越感を守っていた。白人のパフォーマーが黒人に扮してバカなネグロを演じ、白人の観客の偏見を煽り立てる。そうしてアフリカ系アメリカ人の人間性がますます奪われ、奴隷制を擁護する声が強まったのだ。そのようなパフォーマーの一人であるトーマス・ライスは、

1837年、自分で考えたジム・クロウというキャラクターを初めて演じるときに次のように言った。「南部のプランテーションでネグロたちをじっくり観察した。……ネグロは人類の中でももともと劣った種族で、奴隷のままにしておくべきだとはっきり分かった」[14]

ナチスドイツで描かれたユダヤ人の風刺画も、同じような非人間的機能を発揮して民族虐殺につながった。近年、人種差別的または男女差別的なユーモアを聞くとその人の社会的態度にどのような影響があるかが、心理学者によって大規模に調べられた[15]。結果、もともと偏見を持っていない人はそのようなユーモアを聞いても偏見を抱くことはないが、もともと男女差別や人種差別をしている人はその差別の度合いを強め、それまでは隠していた偏見を進んで表に出すようになることが分かった。とりわけ心配なのが、女性を目の敵にするようなジョークを聞いて気に入った男性被験者は、女性への性的暴力を容認する傾向が強くなったことだ[16]。

では、ユーモアを使って逆にこの風潮を覆し、男女差別や人種差別を減らすことはできないのだろうか？　クリス・ロックなどそれに挑んでいるコメディアンもいるが、研究によると、彼らの訴えは同じ考えの人にしか届いていないし、忌まわしい差別を笑い飛ばしても差別をなくすことはできないようだ[17]。もとから偏見を持っている人は、自分のことをバカにしているジョークも好き勝手な形でとらえてしまう。前に紹介した次のジョークも、人種差別主義者の前では手も足も出ない。

黒人のパイロットのことを何て言う？
パイロットだ。

この研究によると、差別をネタにしたユーモアは、差別に疑問を抱かせるどころか、もとから抱いている差別を表に出して強めてしまうようだ。

反体制的なジョーク

笑いは相手をバカにするために使われることもあるが、それには社会的場面に応じて2種類ある。支配的な立場の人がバカにする場合は優越感に基づく笑いになるが、支配される立場の人がバカにする場合は体制に楯突く笑いになる。ユーモアは、迫害されている人たちを悪者扱いして迫害する側の優越性を示すために使われるだけでなく、立場をひっくり返して体制に楯突き、支配層のエリートをバカにするためにも使われる。

チュニジアの独裁者ベン・アリーが失脚すると、次のようなジョークがフェイスブック上で広まった。

ベン・アリーがブーツを買いに靴屋に行った。店に入るやいなや、店員がまさにぴったりのスタイルとサイズのブーツを差し出してきた。「どうして俺の靴のサイズが分かったんだ？」店員は答えた。「たやすいことです。あなたは長年私たちを踏みにじってきたので、みんなあなたの履いているブーツのサイズを正確に知っているんですよ」[18]

ジョージ・オーウェルは次のように書いている。[19]「一つ一つのジョークはちっぽけな革命だ。権威を破壊して、力のある者をその座から引きずり下ろし、願わくは地面にドスンとたたき落とすのは、手段を問わず愉快なものだ」。だから独裁者は笑いのネタにされることを嫌がる。ヒトラーが支配していたドイツには、体制に楯突くようなジョークを言った人を裁いて死刑にするための特別な人民裁判所があった。たとえばマリアンヌ・Kという人物は、次のようなジョークを言ったせいで命を絶たれた。

ヒトラーとゲーリングがベルリンの電波塔に登って群衆を見下ろしていた。ヒトラーは何かベルリン市民を笑顔にするようなことをしたいと思った。そこでゲーリングが言った。「飛び降りたらどうでしょう?」[20]

ソビエト時代のロシアでも、地下で次のようなジョークが広まった。

政治をネタにしたジョークのコンテストの開催が発表された。
第3位——懲役10年と全財産没収
第2位——独房監禁15年
第1位——禁固25年

ノーベル賞を受賞した反体制派作家のアレクサンドル・ソルジェニーツィンが、このジョークを面白いと思ったはずはない。ソルジェニーツィンは、個人的な手紙の中でスターリンを皮肉ったとして、シベリアの刑務所に8年間囚われたのだ。当時、次のようなジョークが流行った。

セオドア・ローズヴェルトとヨシフ・スターリンの違いは？

ローズヴェルトは自分をネタにしたジョークを集めた。スターリンは自分をジョークにした人間を集めた。[21]

スターリンは、政治をネタにしたジョークを言ったとして何百万もの人を強制労働収容所に送った。


白海＝バルト海運河を造ったのは誰？

右岸はジョークを言った人が造った。

じゃあ左岸は？

そのジョークを聞いた人が造った。〔訳注　この運河は収容者の強制労働によって建設された〕

スターリンは反ユダヤ的なジョークを面白がる一方、その残忍さで数々のジョークのネタになった。側近でユダヤ人だったカール・ラデックは、スターリンをジョークにしてもしばらくのあいだは殺されなかった。ラデックの数多いジョークの中に、資本主義と共産主義の違いを定義したものとしていまでは有名なものがある。

資本主義は人間が人間を搾取することであり、共産主義はそれが逆になる。

しかしラデックも最終的には消されてしまった。

ラデックが自殺直前に言った最期の言葉は？

撃つな！

全体主義はしぶとく持ちこたえ、ソ連の72年の歴史を物語る反権力的なジョークを数多く生み出した。ベン・ルイスの著書*Hammer and Tickle*（鎚《つち》とくすぐり）〔訳注　ソ連の国章であるHammer and Sickle（鎚と鎌）をもじっている〕によると、ソビエト時代に語られていたジョークの多くは、革命以前に流行った、帝政をネタにしたジョークを言い換えたものだったという。[22] それと同じジョークがチェコやブルガリアやハンガリーなど東欧圏のほかの共産主義国でも語られたが、それぞれの国内では、自分たちのウィットが発揮された自国のジョークとみなされた。

ユダヤ人ジョーク

帝政時代からソ連時代を通じてたびたびジョークのネタになったのが、明らかにユダヤ人である滑稽な人物だ。

「ラビノヴィッツ同志、どうしてこの前(last)の共産党の会合に出席しなかったんだ?」

「最後(last)の会合だなんて聞いてなかった! もし知ってたら家族全員連れていったのに」[23]

スターリンの死後も、政治ネタのジョークにはユダヤ人がしょっちゅう登場した。

ソビエト政府は、レーニンが1917年にロシアに帰国してボリシェ

ヴィキ革命を率いる前の1年間、チューリヒに滞在していたことを記念すべきと決定した。そこでレニングラードのある画家に命じて、「チューリヒでのレーニン」という絵を描かせることにした。古参の共産党員の中にはその画家がユダヤ人だとして反対する者もいたが、現代のソ連ではもはや問題ないと判断された。その画家は秘密裏に傑作の制作に取り組んだ。12か月が過ぎ、ようやくお披露目の日がやって来た。絵は布が掛けられたままクレムリンに掲げられた。赤軍の楽隊が演奏をし、赤軍の合唱隊が歌い、人民委員が長いスピーチをした末に、絵を覆っていた布が外された。布が落ちると、群衆は恐怖で息をのんだ。人々が信じられないという様子で怒り狂いながら見つめるその絵に描かれていたのは、裸でベッドに横たわるレーニンの妻と、鼻眼鏡だけで何も着ていないトロツキーの姿だった。

必死で平静を装おうとする人民委員が、「レーニン同志はどこだ?」と聞いた。

すると画家は前に出てきてこう言った。「この絵ではレーニンはチューリヒにいます」

　このようにユダヤ人はユーモアの中で独特の形で重用されている。そこで、文化にとってユーモアがどんな意味を持っているかを探るには、ユダヤ人をネタにしたジョークを追いかけていくのが一番だろう。ユダヤ人ジョークとはどんなものなのか？　なぜユダヤ人コメディアンはこんなに大勢いるのか？　そのウィットの源泉はどこから湧いてきたのか？

　多くの著述家が、ユダヤ人ユーモアに込められているユダヤ特有の特徴を突き止めようとしたが、誰もあまり成功していない。ジグムント・フロイトはユダヤ人ジョークを収集して、'Jokes and their Relation to the Unconscious（ジョークとその無意識との関係）' という論文で取り上げた。[24]　しかしそのジョークのほとんどは、とくにユダヤ人特有のものではなかった。たとえばこんなものがある。

2人のユダヤ人が浴場の近くで出くわした。1人が「風呂に入ってたのかい？（Have you taken a bath?）」と聞いた。
するともう1人が言った。「何だって？　風呂が1つなくなったのか？」

〔訳注　Have you taken a bath?は「風呂を取ったのか？」という意味にもとれる。ユダヤ人は不潔で、風呂に入る気なんてないはずだという偏見に基づくジョーク」

もう１つ紹介しよう。

２人のユダヤ人が風呂について言い合っていた。すると一方がこう言った。「俺は年に1回入ってるぞ。必要であろうがなかろうがね」

フロイトはこのジョークを、かなり下品なものとして取り上げている。学者として性に興味を持っていながらも、性をネタにしたユダヤ人ジョークを完全に無視したフロイトですら、自らの潔癖さに背いてどうしても取り上げざるをえなかったのだ。ユダヤ人ジョークがどんなものかを定義するのが難しいのは、別に驚くことではない。ほとんどどんなテーマについても「ユダヤ人が２人いたら意見が３つある」のだから。

シナゴーグで新たに指名されたラビが、毎安息日に集まる人々が2つの陣営に分かれて礼拝中に激しく言い争っているのに気づいた。一方の陣営は立ちながらシェマーを唱えるが、もう一方の陣営は座ったまま唱え

るべきだと言い張っている。この混乱にうんざりしたラビは、「立ち派」の代表者と「座り派」の代弁者を呼びつけた。そしてこのシナゴーグでもっとも長老の信者に、「このシナゴーグでは立ったままシェマーを唱えるのが伝統なのか」と聞いた。

長老は「いいや、伝統は違う」と答えた。

すると座り派の代弁者が「それ見ろ！　俺たちが正しいんだ！」と声を上げた。

そこでラビは長老に、「このシナゴーグでは座ったままシェマーを唱えるのが伝統なのか」と聞いた。

長老は「いいや、伝統は違う」と答えた。

「おかしいでしょう？　立っているのも伝統じゃないし、座っているのも伝統じゃないって言うんですか？　みんな言い争いをやめませんよ！」

すると長老はこう言った。「それこそが伝統だ」

だが、議論好きの性格はけっしてユダヤ人に限ったものではない。プロテスタントもかなり議論したがる。エディンバラの私の家の近所には、プロテスタントの4つの宗派の教会が向かい合って立っていて、そこの交差点を地元の人は「聖なる曲がり角」と呼んでいる。ジョークと文化の研究の第一人者クリスティー・デイヴィーズは、著書*The Mirth of Nations*（国々の浮かれ騒ぎ）の中で、聖なる曲がり角の4つの教会が建てられた19世紀末から20世紀初めの頃のスコットランド人ジョークには、ユダヤ人ジョークと似ている点がいくつもあると指摘している。[25] そして、そのように類似性があるのは、イングランド人が支配する国の中でスコットランド人が少数派だったからだと論じている。だから次のユダヤ人ジョークも、簡単にプロテスタント長老派ジョークに言い換えることができる。

ゴールドバーグの乗った船が難破して、彼はただ1人無人島に打ち上げられ、その島で何年も1人で過ごした。そしてついにある日、通りかかったクルーズ船がゴールドバーグの上げたのろしに気づき、ボートで救出に向かった。助けに行った人は興味津々で尋ねた。「あの小屋は何だい？」

「ああ、俺のシナゴーグさ。自分で建てたのさ」とゴールドバーグは鼻高々で答えた。

「じゃあ、あの小屋は？」

「あれか？　あんなシナゴーグ、死んでも見たくねぇ！」

〔訳注　別の宗派なんかには死んでも関わりたくないというオチ〕

ウェールズにもこれとまったく同じジョークがあるが、ただしシナゴーグがプロテスタントの教会に置き換わっている。ユダヤ人だろうがプロテスタントだろうが同じだ。このジョークが風刺している頑固さはけっしてユダヤ人に限ったものではない。とはいえ、律法の解釈にあれほどまでこだわったり、律法をどんどんと厳しく改めていくことにあれほどまで必死になったりする宗教が、はたしてほかにあるだろうか？　たとえばユダヤ教の食事規定をネタにしたジョークを見てみよう。

神：汝、子供を母親のミルクで煮るなかれ。それは残忍である。
ラビ：ではミルクと肉を一緒に食べることはけっしてしません。
神：汝、子供を母親のミルクで煮るなかれ。
ラビ：ミルクと肉は別々の皿にします。

神：汝、子供を母親のミルクで煮るなかれ。
ラビ：もし皿を間違えて使ってしまったら、土の中に6週間埋めておきます。
神：もう好きにしたまえ！

ユダヤ人のユーモアセンスの由来

哲学者のテッド・コーエンは、聖書研究と解釈の伝統が、ユダヤ人のユーモアセンスを生み出す豊かな文化的な土壌を育んだと考えている。[26] 私の父が晩年になって毎日研究したソンチーノ版シューマーシュ（モーセ五書）は、本文よりも、脚注や注釈や議論、編者による文飾のほうがはるかに長い。それでも、計6200ページにおよぶバビロニア版タルムード（ユダヤ教の律法集）に比べたらまるで文庫本サイズだ。

聖書解釈への執着がどうやってユーモアを生む土壌になったのだろうか？　その手掛かりとなるのが、老後の蓄えをマネージャーに丸ごと盗まれたミュージシャンのレナード・コーエンが復活ツアーで放った次の名言だ。

「［最終ツアーのとき］俺は60歳だった。とんでもない夢を抱くガキだった。それ以来、プロザック、パキシル、ウェルブトリン、イフェクサー、リタリン、フォカリン〔訳注　いずれも抗鬱薬〕をしこたま飲んでる。……哲学と宗教も深く勉強してるけど、しょっちゅう愉快な気分に襲われるんだ」

人生の危機に陥って、貧しさや死に直面したとき、人は笑うのだろうか？　それとも泣くのだろうか？　両方だ。

テッド・コーエンが言うように、もし旧約聖書がユダヤ人ユーモアを育む土壌だとしたら、聖書に笑いがひどく欠けているのは何とも奇妙だ。アブラハムとサラが息子に付けたイサクという名前は、ヘブライ語で「笑い」という意味だが、せいぜいそのくらいである。アブラハムが100歳、サラが90歳のときの子供だったというジョークらしい。とくに貧しいサラにとっては、たいして面白いオチではなかったはずだ。

ユダヤ人ユーモアが聖書の中に見つからないとしたら、その由来はいったい何だろうか？　おそらくそれは、よそ者をネタにしたユーモアである。トム・レーラーの歌

'National Brotherhood Week（全国連帯週間）'には次のような一節がある。

ああ、プロテスタントはカトリックを嫌う
カトリックはプロテスタントを嫌う
ヒンドゥーはムスリムを嫌う
そして誰もがユダヤを嫌う

ユダヤ人ジョークには自虐的なものが多く、それがよそ者のユーモアであることのもう一つの手掛かりとなっている。グルーチョ・マルクスは、「俺を会員にしてくれるんだったらどんなクラブにだって入るよ」という究極のよそ者ジョークを言っている。ユダヤ人は、たとえグルーチョのような有名人であっても、あらゆる社交クラブで門前払いを食らった。グルーチョの幼い息子がスイミングクラブへの入会を断られると、グルーチョは手紙でそのクラブに、「息子は半分だけユダヤ人なんだから、腰まではプールに浸からせてほしい」と頼み込んだという。[27]

一方、オスカー・ワイルドは税関を通るとき、「俺の才能以外に申告するものなんてない」と言い放った。アレクサンドル・デュマもある政治家のディナーパーティーの席で、「自分を売り込めなかったら退屈してただろうな」と言ったという。ワイルドはゲイでデュマは黒人、そして2人とも超有名人だった。ユダヤ人もやはりよそ者だった。


「タイタニック号はユダヤ人が沈めたんだってさ」

「ユダヤ人だったのか。てっきり氷山《アイスバーグ》だと思ってた」

「アイスバーグ、ゴールドバーグ、ローゼンバーグ〔訳注　後者2つはユダヤ人に多い名字〕。全部同じさ」


ユダヤ人とそれ以外のよそ者との違いは、陰謀論のネタにされたかどうかだ。


1935年のこと、ラビのアルトマンと秘書がベルリンの喫茶店で座っていた。

すると秘書が言った。「アルトマン様、『シュテュルマー』〔訳注　反ユダヤ主義の新聞〕なんて読んでおられるのですか！　ナチスがユダヤ人を誹謗中傷している新聞ですよ。もしかしてマゾヒストなのですか？」

「そんなことはありませんよ、エプシュタイン夫人。以前読んでいたユダヤの新聞は、大虐殺とか、パレスチナでの暴動とか、アメリカが信用できなくなったとかいった、気の滅入るニュースばかりでした。でもシュテュルマーを読むと、我々ユダヤ人があらゆる銀行を支配していて、芸術や科学を牛耳っていて、世界征服まであと一歩だというのが分かって、ずっと気分が良くなるんですよ」

このようにユダヤ人はユーモアととても相性が良い。ユダヤ人であるからには、選ばれし者と迫害される者という両極端な2つの立場を同時に受け入れなければならない。この不調和と共存してそれを解消することが、ユーモアを生み出すのだ。

この仮説を検証できる場が、イスラエルである。ユダヤ人の国であるイスラエルには典型的なユダヤ人ジョークがあふれているはずだと思われるかもしれない。しかしイスラエル国内ではユダヤ人はよそ者ではないので、皮肉なことにこの国はユダヤ人特有のユーモアが世界一見つかりにくい場所だろう。イスラエル人のうぬぼれ具合をネタにした、次のようなジョークがある。

1985年のこと。イスラエルの経済状況が悪化したのを受けて、国会

が対策を議論するために特別審議をおこなった。何時間も議論が続けられた末に、1人の議員が立ち上がってこう言った。「みなさん静粛に。分かりましたよ。すべての問題を解決する方法が」

「どんな方法だ?」と議長が聞いた。

「アメリカに宣戦布告するのです」

「バカか! 頭がおかしいのか! 狂っちまったのか?」

「まあ聞いてください。宣戦布告して負けるのです。するとアメリカはいつものように、負かした国にマーシャル・プランのような投資をします。新たな道路、空港、港、学校、病院、工場を造ってくれて、さらには食糧援助もしてくれるでしょう。問題はすべて解決です」

するとの議員が言った。「確かにそうだ。ただし、仮に我々が負けたとしたらの話だがね」


イスラエルで流行っているジョークはほかの国のものとたいして変わらず、とくにユダヤ的ということはない。イスラエルの政治家デイヴィッド・レヴィの愚かさをネタにしたジョーク(30~31ページ)に似たものは、多くの国に存在する。イスラエルではそれは、ユダヤ的ではなく政治ネタのジョークだ。アメリカ人ラビでユダヤ人ジョークの専門家であるジョーゼフ・テルシュキンは、次のように書いている。

イスラエルで考え出されるユーモアはさほど多くないし、そのほとんどは少なくとも非イスラエル人にはたいしてウケない。力を持った民は数々の問題を自力で解決できるので、辛辣な言葉や嘲りで自己満足する必要がないのだ。[28]

イスラエルのこのような事情を踏まえると、イスラエル国外で聞かれるユダヤ人ユーモアはよそ者をネタにしたものであるという仮説は正しそうだ。ユダヤ人ユーモアについて書いているデヴォラ・バウムによると、[29]イスラエル国内ではよそ者の役割はパレスチナ人に押しつけられているという。

親しさを育み、体制に楯突く

ユダヤ人ユーモアを見ていくと、ジョーク文化全般に共通していそうなある重要な特徴が浮かび上がってくる。ユダヤ人ユーモアは文化特有の要素として、親しさを育むという社会的機能と、体制に楯突くという社会的機能の両方を持っている。前者の要素には、先ほど紹介した食事規定のジョークのように、ユダヤの文化や宗教の特殊性が込められている。

しかしそのような特殊性は、あらゆる文化のジョークに見られる。たとえば聴覚障害者のコミュニティーには、蝸牛《かぎゅう》移植をネタにしたジョークがたくさんあるが、聴覚が正常な人は蝸牛移植を受けたことがないので、それらのジョークにはいっさい共感できない。聴覚障害者のジョークは手話で語られ、そこには同音異義語に相当するだじゃれ的な手振りが多く使われている。[30] ユダヤ人ユーモアでそれに相当するのは、イディッシュ語の語呂合わせだ。

ユダヤ人ユーモアの第2の要素である、体制に楯突くという社会的機能には、イスラエル国外のユダヤ人が置かれているよそ者という立場が反映されている。聴覚障害者のコミュニティーもよそ者の立場にあって、ユダヤ人と同じようなジョークもいくつかある。たとえば次のようなものだ。

カトリックの司祭が理髪店に行った。切り終わると主人が、「私は敬虔

なカトリック信者なので、もちろんお代は頂きません」と言った。司祭はいったん店を出て、お礼にロザリオを持ってきた。イングランド国教会の司祭が同じ理髪店に行った。信心深い主人はやはりただで髪を切ってあげた。司祭はチョコレートの箱を持って再び店を訪れ、主人に手渡した。最後にユダヤ教のラビが髪を切りに来た。主人は、「神に仕える人は誰であれ尊敬していますので、お代は頂きません」と言った。するとラビはいったん店を出て、もう1人ラビを連れてきた。

聴覚障害者のジョークでは、最初の2人の客は車椅子に乗っている人と視覚障害者で、どちらも主人にお礼の品を持ってくる。しかし聴覚障害者は、ただで髪を切ってもらうと、聴覚障害者の友達を全員連れてくる。聴覚障害者にとってこのジョークは、良いことを共有するという点で親しさを育むと同時に、聴覚の正常な人を出し抜くという点で反体制的でもある。[31]

笑いの4つの社会的機能は、文化によってそれぞれどのくらい違うのだろうか？　感謝を示すという笑いの機能はあらゆるユーモアに共通していて、研究によると親しさを深めるという。そのため、感謝と親しさという2つの社会的機能は、文化によって違いはなく、すべての文化でジョークの土台をなしている。ということは、それぞれのジョーク文化の違いは、もっぱら残り2つの社会的機能、すなわち優越感と反体制的という要素にあることになる。ユダヤ人ジョークに当てはめてみると、イスラエル国外のジョークも国内のジョークもユダヤ人が作ったものだが、前者はよそ者の反体制的なジョークで、後者はそうではない。

ここからもう1つの結論を引き出すことができる。イスラエル社会は歴史の長い民族から最近分かれたばかりだ。それでもイスラエル国内と国外のジョークに違いがあるということは、ジョーク文化は環境によって短い年月で変化してしまうのだといえる。

中国や日本のジョーク文化

では、ユダヤ人と同じく歴史が長いが比較的最近まで孤立していた、中国人などのジョーク文化には、どんな違いがあるのだろうか？　中国人をネタにしたユダヤ人ジョークももちろんある。

サム・コーエンが友達のサム・チェンと、お気に入りの中華料理レストランで中国の新年を祝っていた。チェンが、「俺たちの暦は4600年以上前から続いているんだ」と言った。

するとコーエンは、「そんなのたいしたことない。ユダヤの暦は5700年以上続いているんだぞ」と言い返した。

「本当かい？　なら最初の1000年は何を食ってたんだ？」

中国人カップルがニューヨークのユダヤ料理レストランで食事を終えた。「ユダヤ料理はどれもおいしいなあ。でも3日したらまた腹が減っちゃうな」〔訳注　中国人は大食いで3日分も平らげてしまうというオチ〕

このように各文化のジョークには互いに違いがあるが、逆に似ているところもある。中国文化はとくに自虐ネタのジョークや親しさを育むジョークを好む。台湾の詹雨臻《チャンユーチェン》らは、自分自身をこき下ろす自虐的なジョークと他人をこき下ろす攻撃的なジョーク、あるいは相手をおだてる友好的なジョークと自分自身を褒めるうぬぼれ的なジョークを聞いたときに、脳の反応にそれぞれどのような違いがあるかを、fMRIを使って調べた[32]。使われたジョークの一例が次のようなものだ。

「俺のファンが髪の毛だとしたら、俺はハゲだ」（自虐的）

「お前のファンが髪の毛だとしたら、お前はハゲだ」（攻撃的）

「お前のファンが髪の毛だとしたら、お前には頭が2つ必要だ」（友好的）

「俺のファンが髪の毛だとしたら、俺には頭が2つ必要だ」（うぬぼれ的）

このうちどれが一番面白かったかを本人に直接尋ねてもいいが、ｆＭＲＩを使えば、それぞれのジョークを聞いたときの反応の違いをもっと客観的に調べられる。結果、中国人被験者は攻撃的やうぬぼれ的なジョークよりも自虐的や友好的なジョークのほうを好むことが分かった。ネタになっているのが自分なのか相手なのかによる違いはそれよりも小さかった。

攻撃的なジョークに対する反応は文化によって違う。たとえば台湾人とドイツ語圏のスイス人とを比較した研究では、台湾人のほうが笑いものになるのを恐れることが分かった。[33] 誰でも知っているとおり、最後に笑うのは核シェルターを持っているスイス人だ。

全面核戦争で生き残るのは？ ゴキブリとスイス人だけ。

クリスティー・デイヴィーズによると、中国や日本のような階層的な社会では、西洋の個人主義的な社会に比べて、面目を失うことへの恐怖感が強く、ジョークのネタにされることを嫌がるのもそこから来ているのだという。もしかしたらそのとおりかもしれないが、どんな国でもいつの時代でも権力者は決まって笑いぐさにされるものだ。

18世紀の日本、柄井川柳《からいせんりゅう》（1718－1790）という俳人が、俳句を滑稽なスタイルにした川柳を考案した。川柳も俳句と同じく五七五の形式である。柄井は万句合《まんくあわせ》というわば川柳コンテストを開き、1767年には何と14万句もの応募があった。優秀作として句集に掲載されたものの中には、汚職をネタにしたものもあった。[34]

役人の子は
にぎにぎを
よく覚え

当時の人々には、仲間が笑っていたら、たとえしらふであっても自分も笑わなければならないという社会的義務感があって、次の川柳はそれをネタにしている。

飲まぬやつ
時々笑う
ばかりなり

1966年、毛沢東が72歳のとき、「揚子江で見事に泳ぐ我らが偉大な毛主席」というキャプション付きの写真を載せた壁新聞が掲げられた。その脇に次のようなジョークを書き込んだ人は6年間投獄された。[35]

毛主席はこんなに高齢でも揚子江で泳いでいる。下にスクリューが付い

てるんだ。

今日、検閲の厳しい中国のサイバースペースの中でも人々は、パロディー動画や政治ネタを何とかして共有している。２０１３年、恰幅のいい習近平主席をくまのプーさんに似ているとからかうネタがネット上で広まった。その１年後、習主席と日本の安倍晋三首相が握手している写真が、プーさんとロバのイーヨーが握手しているディズニーアニメの場面と一緒に出回った。安倍首相はイーヨーと同じく物憂げで、２枚の画像は驚くほどそっくりだった。２０１５年にはこれに似たネタが１年間でもっとも多く検閲の目に遭い、２０１８年には中国政府がくまのプーさんの最新作を上映禁止にした。[36]

くまのプーさん(Winnie the Pooh)とフン族の王アッティラ(Attila the Hun)の共通点は？

ミドルネームが同じ。

閑話休題。

国によって文化にこそ違いはあるが、どこの国の人でも、川柳や画像、マンガや落書きなど、使えそうなあらゆるジョークで権力者をバカにしたり圧制に抵抗したりする。しかも国境を越えて同じジョークが使われることもある。笑いの持つ4つの社会的機能を踏まえると、文化間の違いは見た目よりも小さく、根本的な共通点と違って永遠のものではないのだと思えてくる。

笑いの役割

本書の冒頭で「笑いは何の役に立っているのか？」と問いかけた。この疑問にはいろいろな形で答えることができる。たとえば社会学者は、ここまで見てきたように、笑いが社会の中でどんな役割を果たしているかを明らかにしようとしている。一方で笑いは生物学的特徴であって、感謝や親しみという感情を引き起こすので、本書ではこの疑問に進化論の観点から迫った。その出発点は、「そもそもなぜ人は笑うのか？」という根源的な疑問だった。ダーウィン本人がこの疑問に考えをめぐらせただけに、この方法論は笑いに対するダーウィン的アプローチと呼べるかもしれない。ダーウィン的アプローチでは、ある生物学的特徴が自然選択を通じてどのように進化したかだけでなく、その特徴が最初にどうやって出現したのかも明らかにしようとする。前に述べたように、笑いはおそらく数千万年前に遊戯発声として進化した。それ以前は、「異常なし」というシグナルだったと考えられる。

もっと時代が下ったある時点で、ユーモアが遊戯発声の引き金の一つとなり、ヒトは害のない不調和に笑うようになった。この結論は世界屈指の頭脳の持ち主が2000年以上にわたって思索を重ねてきた末の集大成で、高さ10メートルのネオンサインで大々的に宣伝してもいいくらいだ。もしもアリストテレスが生きていたら、仲間の哲学者を率いて「だから言っただろう」と叫んだかもしれないが、いまでは当時と違ってユーモアの起源に関するれっきとした証拠が存在する。

不思議なことに、私たちはあらゆる間違いや不調和に笑うわけではなく、些細な間違いや不調和にしか笑わない。人類は巨大な脳を持っていたおかげで、18万年前の絶滅の危機をかいくぐり、いまでは世界の人口は100億に迫ろうとしている。その前頭葉に収まっているスーパーコンピュータは何に使われているのか？　ジョークを言うためだ。実はそれは思ったほど不思議なことではない。ジョークは知性をアピールするためのものだからだ。第6章で言ったことをもう一度繰り返したい。笑いの役割は生き延びることや身を守ることではなく、自分をアピールして異性を惹きつけることだ。そこで鍵となるのが性選択である。ユーモアは、自分に魅力的なウィットがあることをアピールする手段なのだ。

締めの言葉として、リリー・トムリンの決め台詞を引用しよう。

我々は適者生存でなく賢者生存に精を出すべきだ。そうすればみんな笑いながら死ねる。[37]

謝辞

各段階の原稿に容赦のない批判的な意見をくれたリッサ・デ・ラ・パズには、いつものように感謝する。ユーモアと哲学の専門家であるエイドリアン・ムーア教授と、進化心理学の専門家であるダニエル・ネトル教授は、何の見返りもないのに何時間もかけて原稿全体に目を通してくれた。２人に感謝している。構想段階でさまざまな提案をしてくれて励ましてくれた、友人でエディンバラ・ストレンジャー・ザン・フィクション・グループの作家たち、ヴィン・アーシー、レイチェル・ブランシュ、マリア・チェンバレン、ジョージ・デイヴィッドソン、マレー・アール、アレックス・オーウェン＝ヒル、ガスリー・スチュワート、アン・ウェルマンに感謝する。エレナー・ビアーヌとフィリップ・グウィン・ジョーンズは最終原稿に貴重な意見を寄せてくれた。モリー・スライトは最後の出版段階にまで導いてくれた。

Chapter 1　おかしさと間違い

1. Bate, J. & Rasmussen, E., eds. (2007). *The RSC Shakespeare: The Complete Works*. Basingstoke: Palgrave Macmillan (『新訳　まちがいの喜劇』シェイクスピア著，河合祥一郎訳，角川文庫，2017年，など).
2. Provine, R.R. (2001). *Laughter: A Scientific Investigation*. London: Penguin Books.
3. Aristotle. *The Poetics*. Trans. S.H. Butcher. Project Gutenberg. https://www.gutenberg.org/files/1974/1974-h/1974-h.htm (『詩学』アリストテレス著，三浦洋訳，光文社古典新訳文庫，2019年，など).
4. Ghose, I. (2008). *Shakespeare and Laughter: A Cultural History*. Manchester: Manchester University Press.
5. Raskin, V. (2008). Theory of Humor and Practice of Humor Research: Editor's Notes and Thoughts. In: V. Raskin, ed. *The Primer of Humor Research*. Berlin & Boston, MA: De Gruyter, Inc.
6. McGhee, P.E. and Goldstein, J.H. (1983). *Handbook of Humor Research: Volume 1: Basic Issues*. Berlin: Springer-Verlag.
7. Dupont, S. *et al.* (2016). Laughter Research: A Review of the ILHAIRE Project. In: A. Esposito & L.C. Jain, eds. *Toward Robotic Socially Believable Behaving Systems, Volume I: Modeling Emotions*. Intelligent Systems Reference Library 105. New York: Springer Publishing. 147–181.
8. Ken Dodd, *Night Waves*, BBC Radio 3. First Broadcast June 2012.
9. Provine. *Laughter* (前掲).
10. Darwin, C. (1999). *The Expression of the Emotions in Man and Animals*. London: Fontana Press (『人及び動物の表情について』ダーウィン著，浜中浜太郎訳，岩波文庫，1931年，など).
11. Barry, J.M., Blank, B. & Boileau, M. (1980). Nocturnal Penile Tumescence

Monitoring with Stamps. *Urology*, 15, 171–172.

12. Weems, S. (2014). *Ha!: The Science of When We Laugh and Why*. New York: Basic Books.

Chapter 2　ユーモアと心

1. Sherrin, N. (2005). *Oxford Dictionary of Humorous Quotations*. Oxford: Oxford University Press.
2. Carr, J. & Greeves, L. (2007). *The Naked Jape: Uncovering the Hidden World of Jokes*. London: Penguin Books.
3. Saxe, J.G. (1876). *Poems*. Boston, MA: J.R. Osgood and Co.
4. https://tickets.edfringe.com/whats-on#fq=venue_ name%3A%22Pleasance%20Courtyard%22&fq=category%3A (%22Comedy%22) &fq=subcategories%3A (%22Satire%22) &q=*%3A*.
5. Aristotle. *The Poetics*. Trans. S.H. Butcher. Project Gutenberg. https://www.gutenberg.org/files/1974/1974-h/1974-h.htm (『詩学』アリストテレス著，三浦洋訳，光文社古典新訳文庫，2019年，など).
6. Crompton, D. (2013). *A Funny Thing Happened on the Way to the Forum: The World's Oldest Joke Book*. London: Michael O'Mara.
7. Hobbes, T. (1840). *Human Nature*. London: Bohn (『哲学原論／自然法および国家法の原理』トマス・ホッブズ著，伊藤宏之／渡部秀和訳，柏書房，2012年，など).
8. Hurley, M.M., Dennett, D.C. & Adams Jr., R.B. (2011). *Inside Jokes: Using Humor to Reverse-Engineer the Mind*. Cambridge, MA: MIT Press (『ヒトはなぜ笑うのか——ユーモアが存在する理由』マシュー・M・ハーレー／ダニエル・C・デネット／レジナルド・B・アダムズJr.著，片岡宏仁訳，勁草書房，2015年).
9. Sherrin, N. *Oxford Dictionary of Humorous Quotations*（前掲）で引用されたレベッカ・ウェストの言葉.
10. Jarski, R. (2004). *The Funniest Thing You Never Said: The Ultimate Collection of Humorous Quotations*. London: Ebury Press.

11. Hurley, Dennett & Adams Jr. *Inside Jokes*（前掲）での引用.
12. Greengross, G., Martin, R.A. & Miller, G. (2012). Personality Traits, Intelligence, Humor Styles, and Humor Production Ability of Professional Stand-up Comedians Compared to College Students. *Psychology of Aesthetics Creativity and the Arts*, 6, 74–82.
13. Arnott, S. & Haskins, M. (2004). *Man Walks into a Bar: The Ultimate Collection of Jokes and One-Liners*. London: Ebury Press.
14. Richard Wiseman, University of Hertfordshire, *The Observer*でのインタビュー, 29 December 2013 (p. 23).
15. Hurley, Dennett & Adams Jr. *Inside Jokes*（前掲）.
16. 'One morning I shot an elephant in my pyjamas' Groucho Marx, *Animal Crackers* (1930).
17. https://www.chortle.co.uk/news/2014/04/03/19917/tim_vine_retakes_most_jokes_in_an_hour_record.
18. Vine, T. (2010). *The Biggest Ever Tim Vine Joke Book*. London: Cornerstone.
19. Darwin, C. (1999). *The Expression of the Emotions in Man and Animals*. London: Fontana Press (『人及び動物の表情について』ダーウィン著, 浜中浜太郎訳, 岩波文庫, 1931年, など).
20. Attardo, S. (2008). A Primer for the Linguistics of Humor. In: V. Raskin, ed. *The Primer of Humor Research*. Berlin & Boston, MA: De Gruyter, Inc.; Rapp, A. (1949). A Phylogenetic Theory of Wit and Humor. *Journal of Social Psychology*, 30, A81–A96.
21. Kant, I. (1790). *Critique of Judgment*. Trans. W.S. Pluhar. (1987). Indianapolis, Indiana: Hackett Publishing Company (『判断力批判』イマヌエル・カント著, 熊野純彦訳, 作品社, 2015年, など).
22. Gumbel, A. (2004). Obituary: Professor Sidney Morgenbesser. *Independent*, London. 6 August 2004.
23. Adamson, J. (1974). *Groucho, Harpo, Chico, and Sometimes Zeppo: A History of the Marx Brothers and a Satire on the Rest of the World*. London: Coronet Books.
24. BBC News (2018). Cathay Pacific Spells Own Name Wrong on Plane. https://

www.bbc.com/news/world-asia-45572275.

25. Chan, Y.C. *et al.* (2013). Towards a Neural Circuit Model of Verbal Humor Processing: an fMRI Study of the Neural Substrates of Incongruity Detection and Resolution. *Neuroimage*, 66, 169–176.
26. Martin, R.A. & Ford, T.E. (2018). The Physiological Psychology of Humor and Laughter. In: R.A. Martin & T.E. Ford, eds. *The Psychology of Humor: An Integrative Approach* (Second Edition). London: Academic Press.; Nakamura, T. *et al.* (2018). The Role of the Amygdala in Incongruity Resolution: the Case of Humor Comprehension. *Social Neuroscience*, 13, 553–565.

Chapter 3　歌とダンス

1. https://youtu.be/nDZZEfrRbdw.
2. https://en.wikipedia.org/wiki/Goldberg_Variations#Variatio_30._a_1_Clav._Quodlibet.
3. Eriksen, A.O. (2016). A Taxonomy of Humor in Instrumental Music. *Journal of Musicological Research*, 35, 233–263. DOI: 10.1080/01411896.2016.1193418.
4. Huron, D. (2004). Music-engendered Laughter: An Analysis of Humor Devices in PDQ Bach. In: S.D. Lipscomb, R. Ashley, R.O. Gjerdingen & P. Webster, eds. *Proceedings of the 8th International Conference on Music Perception and Cognition*, Evanston, Illinois. 700–704.
5. Hashimoto, T., Hirata, Y. & Kuriki, S. (2000). Auditory Cortex Responds in 100 ms to Incongruity of Melody. *NeuroReport*, 11, 2799–2801.
6. Halpern, A.R. *et al.* (2017). That Note Sounds Wrong!: Age-related Effects in Processing of Musical Expectation. *Brain and Cognition*, 113, 1–9.
7. Sutton, R.A. (1997). Humor, Mischief, and Aesthetics in Javanese Gamelan Music. *Journal of Musicology*, 15, 390–415.
8. Nerhardt, G. (1970). Humor and Inclination to Laugh: Emotional Reactions to Stimuli of Different Divergence from a Range of Expectancy. *Scandinavian Journal of Psychology*, 11, 185–195.; Deckers, L. & Kizer, P. (1974). Note on

Weight Discrepancy and Humor. *Journal of Psychology*, 86, 309–312.

9. Lieberman, P. (2015). Language Did Not Spring Forth 100,000 Years Ago. *Plos Biology*, 13. DOI: 10.1371/journal. pbio.1002064.; Dediu, D. & Levinson, S.C. (2018). Neanderthal Language Revisited: Not Only Us. *Current Opinion in Behavioral Sciences*, 21, 49–55.
10. https://youtu.be/KuMLHytm_O0.
11. Gimbel, S. (2018). *Isn't That Clever: A Philosophical Account of Humor*. New York and London: Routledge.
12. Hull, R., Tosun, S. & Vaid, J. (2017). What's So Funny? Modelling Incongruity in Humour Production. *Cognition & Emotion*, 31, 484–499.
13. Hempelmann, C.F. (2008). Computational Humor: Beyond the Pun? In: V. Raskin, ed. *The Primer of Humor Research*. Berlin & Boston, MA: De Gruyter, Inc.
14. Strapparava, C., Stock, O. & Mihalcea, R. (2011). Computational Humour. *Emotion-Oriented Systems: Cognitive Technologies* (eds. P. Petta, C. Pelachaud & R. Cowie), Berlin & Heidelberg: Springer-Verlag. 609–634.
15. https://inews.co.uk/culture/100-best-jokes-one-liners-edinburgh-fringe/.
16. Hempelmann. Computational Humor. *The Primer of Humor Research* (前掲).
17. http://joking.abdn.ac.uk/jokebook.shtml.
18. Brooke-Taylor, T. *et al.* (2017). *The Complete Uxbridge English Dictionary*. London: Windmill Books.
19. https://en.wikiquote.org/wiki/Sidney_Morgenbesser.
20. Gumbel, A. (2004). Obituary: Professor Sidney Morgenbesser. *Independent*, London. 6 August 2004.
21. Hurley, M.M., Dennett, D.C. & Adams Jr., R.B. (2011). *Inside Jokes: Using Humor to Reverse-Engineer the Mind*. Cambridge, MA: MIT Press (『ヒトはなぜ笑うのか――ユーモアが存在する理由』マシュー・M・ハーレー／ダニエル・C・デネット／レジナルド・B・アダムズJr.著, 片岡宏仁訳, 勁草書房, 2015年).
22. Sherrin, N. (2005). *Oxford Dictionary of Humorous Quotations*. Oxford: Oxford University Press.

23. McCrae, R.R. & John, O.P. (1992). An Introduction to the 5-Factor Model and Its Applications. *Journal of Personality*, 60, 175–215.
24. Berger, P. *et al.* (2018). Personality Modulates Amygdala and Insula Connectivity during Humor Appreciation: An Event-related fMRI Study. *Social Neuroscience*, 13, 756–768.
25. Martin, R.A. & Ford, T.E. (2018). The Personality Psychology of Humor. In: R.A. Martin & T.E. Ford, eds. *The Psychology of Humor: An Integrative Approach*. (Second Edition). London: Academic Press. 99–140.
26. Schweizer, B. & Ott, K.H. (2016). Faith and Laughter: Do Atheists and Practicing Christians Have Different Senses of Humor? *Humor-International Journal of Humor Research*, 29, 413–438.; Wiseman, R. (2008). *Quirkology: The Curious Science of Everyday Lives*. London: Pan Books (『Qのしっぽはどっち向き？――3秒で人を見抜く心理学』リチャード・ワイズマン著，殿村直子訳，日本放送出版協会，2008年).
27. Gabora, L. & Kitto, K. (2017). Toward a Quantum Theory of Humor. *Frontiers in Physics*, 4, Article #53.

Chapter 4　くすぐりと遊び

1．Darwin, C. (1999). *The Expression of the Emotions in Man and Animals*. London: Fontana Press (『人及び動物の表情について』ダーウィン著，浜中浜太郎訳，岩波文庫，1931年，など).
2．Davila-Ross, M., Owren, M.J. & Zimmermann, E. (2014). The Evolution of Laughter in Great Apes and Humans. *Communicative & Integrative Biology*, 3, 191–194.
3．Bard, K.A. *et al.* (2014). Gestures and Social-Emotional Communicative Development in Chimpanzee Infants. *American Journal of Primatology*, 76, 14–29.
4．Bryant, G.A. & Aktipis, C.A. (2014). The Animal Nature of Spontaneous Human Laughter. *Evolution and Human Behavior*, 35, 327–335.
5．Lavan, N. *et al.* (2018). Impoverished Encoding of Speaker Identity in Sponta-

neous Laughter. *Evolution and Human Behavior*, 39, 139–145.

6. Smith, J.M. & Harper, D. (2003). *Animal Signals*. Oxford: Oxford University Press.
7. Ramachandran, V.S. (1998). The Neurology and Evolution of Humor, Laughter, and Smiling: The False Alarm Theory. *Medical Hypotheses*, 51, 351–354.
8. Darwin. *The Expression of the Emotions in Man and Animals* (前掲).
9. Harris, C.R. (1999). The Mystery of Ticklish Laughter. *American Scientist*, 87, 344–351での引用.
10. Blakemore, S.J., Frith, C.D. & Wolpert, D.M. (1999). Spatio-Temporal Prediction Modulates the Perception of Self-Produced Stimuli. *Journal of Cognitive Neuroscience*, 11, 551.
11. Blakemore, S.J. *et al.* (2000). The Perception of Self-Produced Sensory Stimuli in Patients with Auditory Hallucinations and Passivity Experiences: Evidence for a Breakdown in Self-Monitoring. *Psychological Medicine*, 30, 1131–1139.
12. Jarski, R. (2004). *The Funniest Thing You Never Said: The Ultimate Collection of Humorous Quotations*. London: Ebury Pressでの引用 (Garry Shandling).
13. Provine, R.R. (2001). *Laughter: A Scientific Investigation*. London: Penguin Books.
14. Wöhr, M. (2018). Ultrasonic Communication in Rats: Appetitive 50-kHz Ultrasonic Vocalizations as Social Contact Calls. *Behavioral Ecology and Sociobiology*, 72. DOI: 10.1007/s00265-017-2427-9.
15. Martin, R.A. & Ford, T.E. (2018). The Physiological Psychology of Humor and Laughter. In: R.A. Martin & T.E. Ford, eds. *The Psychology of Humor: An Integrative Approach*. (Second Edition). London: Academic Press. 174–204.; ネズミが笑う動画: https://youtube.com/watch?v=j-admRGFVNM.
16. Reinhold, A.S., Sanguinetti-Scheck, J.I., Hartmann, K. & Brecht, M. (2019). Behavioral and Neural Correlates of Hide-and-Seek in Rats. *Science*, 365, (6458): 1180–1183.
17. Carr, J. & Greeves, L. (2007). *The Naked Jape: Uncovering the Hidden World*

of Jokes. London: Penguin Books.

18. Caeiro, C., Guo, K. & Mills, D. (2017). Dogs and Humans Respond to Emotionally Competent Stimuli by Producing Different Facial Actions. *Scientific Reports*, 7. DOI: 10.1038/s41598-017-15091-4.
19. Wang, K. (2018). Quantitative and Functional Posttranslational Modification Proteomics Reveals That TREPH1 Plays a Role in Plant Touch-Delayed Bolting. *Proceedings of the National Academy of Sciences of the United States of America*, 115, E10265-E10274.
20. Weisfeld, G.E. (1993). The Adaptive Value of Humor and Laughter. *Ethology and Sociobiology*, 14, 141–169.
21. Silvertown, J.W. (2017). *Dinner with Darwin: food, drink, and evolution*. Chicago, IL: University of Chicago Press (『美味しい進化——食べ物と人類はどう進化してきたか』ジョナサン・シルバータウン著, 熊井ひろ美訳, インターシフト, 2019年).
22. Gold, K.C. & Watson, L.M. (2018). In memoriam: Koko, a Remarkable Gorilla. *American Journal of Primatology*, 80. e22930.
23. Koko the Gorilla Meets Robin Williams. https://youtu.be/vOVS9zotSqM.
24. McGhee, P. (2018). Chimpanzee and Gorilla Humor: Progressive Emergence from Origins in the Wild to Captivity to Sign Language Learning. *Humor*, 31, 405–449. 本章におけるココに関する情報は, ほかに参考文献を挙げているもの以外はすべてこの資料による.
25. Roberts, M. (2018). How Koko the Gorilla Spoke to Us. *Washington Post*, 21 June 2018.
26. Mirsky, S. (1998). Gorilla in Our Midst [Excerpts from & Ironic Interpretation of Online Conversation with Koko the Gorilla]. *Scientific American*, 279, 28.
27. Hobaiter, C. & Byrne, R.W. (2014). The Meanings of Chimpanzee Gestures. *Current Biology*, 24, 1596–1600.
28. Kühl, H.S. *et al.* (2019). Human Impact Erodes Chimpanzee Behavioral Diversity. *Science*, 363, 1453–1455.
29. Time Tree of Life: http://www.timetree.org/.; Besenbacher, S. *et al.* (2019). Direct Estimation of Mutations in Great Apes Reconciles Phylogenetic Dating.

Nature Ecology & Evolution, 3, 286–292. DOI: 10.1038/s41559-018-0778-x.
30. Dunbar, R.I.M. (2012). Bridging the Bonding Gap: The Transition from Primates to Humans. *Philosophical Transactions of the Royal Society B-Biological Sciences*, 367, 1837–1846. DOI: 10.1098/rstb.2011.0217.
31. Manninen, S. *et al.* (2017). Social Laughter Triggers Endogenous Opioid Release in Humans. *Journal of Neuroscience*, 37, 6125–6131.

Chapter 5　微笑みと進化

1. LaFrance, M. (2013). *Why Smile?: The Science Behind Facial Expressions.* New York: W.W. Norton.
2. Rychlowska, M., Jack, R.E., Garrod, O.G.B., Schyns, P.G., Martin, J.D. & Niedenthal, P.M. (2017). Functional Smiles: Tools for Love, Sympathy, and War. *Psychological Science*, 28, 1259–1270. DOI: 10.1177/0956797617706082.
3. Ruiz-Belda, M.A., Fernández-Dols, J.M., Carrera, P. & Barchard, K. (2003). Spontaneous Facial Expressions of Happy Bowlers and Soccer Fans. *Cognition & Emotion*, 17, 315–326.; Crivelli, C. & Fridlund, A.J. (2018). Facial Displays Are Tools for Social Influence. *Trends in Cognitive Sciences*, 22, 388–399.
4. Owren, M.J. & Bachorowski, J.A. (2001). The Evolution of Emotional Expression: a 'Selfish-Gene' Account of Smiling and Laughter in Early Hominids and Humans. In: T. J. Mayne & G. A. Bonanno, eds. *Emotions: Current issues and future directions.* New York: Guilford Press. 152–191.; Ramachandran, V.S. (1998). The Neurology and Evolution of Humor, Laughter, and Smiling: the False Alarm Theory. *Medical Hypotheses*, 51, 351–354.
5. Martin, J., Rychlowska, M., Wood, A. & Niedenthal, P. (2017). Smiles as Multipurpose Social Signals. *Trends in Cognitive Sciences*, 21, 864–877.

Chapter 6　笑いとセックス

1. Hurley, M.M., Dennett, D.C. & Adams Jr., R.B. (2011). *Inside Jokes: Using Humor to Reverse-Engineer the Mind.* Cambridge, MA: MIT Press (『ヒトは

なぜ笑うのか――ユーモアが存在する理由』マシュー・M・ハーレー／ダニエル・C・デネット／レジナルド・B・アダムズJr.著，片岡宏仁訳，勁草書房，2015年）.
2. Greengross, G. & Mankoff, R. (2012). Book Review: Inside 'Inside Jokes': The Hidden Side of Humor. *Evolutionary Psychology*, 10. DOI: 10.1177/147470491201000305.
3. Miller, G. (2001). *The Mating Mind: How Sexual Choice Shaped the Evolution of Human Nature*. London: Vintage Books.
4. Darwin, C. (1901). *The Descent of Man, and Selection in Relation to Sex*. London: J. Murray（『人間の進化と性淘汰1・2』チャールズ・ダーウィン著，長谷川眞理子訳，文一総合出版，1999年，2000年）.
5. Puts, D. (2016). Human Sexual Selection. *Current Opinion in Psychology*, 7, 28–32.
6. Sherrin, N. (2005). *Oxford Dictionary of Humorous Quotations*. Oxford: Oxford University Press. 229, 295での引用.
7. Jones, T. & Palin, M. (1983). 'Every Sperm is Sacred', from the Film *Monty Python's The Meaning of Life*. https://youtu.be/fUspLVStPbk.
8. Jarski, R. (2004). *The Funniest Thing You Never Said: The Ultimate Collection of Humorous Quotations*. London: Ebury Press. 419.
9. Loyau, A., Petrie, M., Jalme, M.S. & Sorci, G. (2008). Do Peahens Not Prefer Peacocks with More Elaborate Trains? *Animal Behaviour*, 76, E5–E9.
10. Takahashi, M. *et al*. (2008). Peahens Do Not Prefer Peacocks with More Elaborate Trains. *Animal Behaviour*, 75, 1209–1219; Dakin, R. & Montgomerie, R. (2011). Peahens Prefer Peacocks Displaying More Eye-spots, but Rarely. *Animal Behaviour*, 82, 21–28.; Loyau, A. *et al*. Do Peahens Not Prefer Peacocks with More Elaborate Trains? *Animal Behaviour*（前掲）.
11. Buss, D.M. & Schmitt, D.P. (2019). Mate Preferences and Their Behavioral Manifestations. *Annual Review of Psychology*, 70, 77–110.
12. Plomin, R. *et al*. (2016). Top 10 Replicated Findings from Behavioral Genetics. *Perspectives on Psychological Science*, 11, 3–23.; Devlin, B., Daniels, M. & Roeder, K. (1997). The heritability of IQ. *Nature*, 388, 468–471.

13. Feldman, M.W. & Ramachandran, S. (2018). Missing Compared to What? Revisiting Heritability, Genes and Culture. *Philosophical Transactions of the Royal Society B-Biological Sciences*, 373. 20170064.
14. Hills, T. & Hertwig, R. (2011). Why Aren't We Smarter Already: Evolutionary Trade-offs and Cognitive Enhancements. *Current Directions in Psychological Science*, 20, 373–377.
15. Ruch, W. (2008). Psychology of Humor. In: V. Raskin, ed. *The Primer of Humor Research*. Berlin & Boston, MA: De Gruyter, Inc.; Vernon, P.A. *et al.* (2008). Genetic and Environmental Contributions to Humor Styles: A Replication Study. *Twin Research and Human Genetics*, 11, 44–47.; Baughman, H.M. *et al.* (2012). A Behavioral Genetic Study of Humor Styles in an Australian Sample. *Twin Research and Human Genetics*, 15, 663–667.
16. Greengross, G. & Miller, G. (2011). Humor Ability Reveals Intelligence, Predicts Mating Success, and is Higher in Males. *Intelligence*, 39, 188–192.; Christensen, A.P. *et al.* (2018). Clever People: Intelligence and Humor Production Ability. *Psychology of Aesthetics Creativity and the Arts*, 12, 136–143.; Jonason, P.K. *et al.* (2019). Is Smart Sexy? Examining the Role of Relative Intelligence in Mate Preferences. *Personality and Individual Differences*, 139, 53–59.
17. Henrich, J., Heine, S.J. & Norenzayan, A. (2010). The Weirdest People in the World? *Behavioral and Brain Sciences*, 33, 61–83.
18. Greengross, G. & Miller, G. (2011). Humor Ability Reveals Intelligence, Predicts Mating Success, and is Higher in Males. *Intelligence*, 39, 188–192.
19. Guéguen, N. (2010). Men's Sense of Humor and Women's Responses to Courtship Solicitations: An Experimental Field Study. *Psychological Reports*, 107, 145–156.
20. Wilbur, C.J. & Campbell, L. (2011). Humor in Romantic Contexts: Do Men Participate and Women Evaluate? *Personality and Social Psychology Bulletin*, 37, 918–929.
21. Woolf, V. (1945). *A Room of One's Own*. Harmondsworth: Penguin（『自分だけの部屋　新装版』ヴァージニア・ウルフ著，川本静子訳，みすず書房，

2013年，など）.

22. Lippa, R. (2007). The Preferred Traits of Mates in a Cross-National Study of Heterosexual and Homosexual Men and Women: An Examination of Biological and Cultural Influences. *Archives of Sexual Behavior*, 36, 193–208. DOI: 10.1007/s10508-006-9151-2.
23. Hitchens, C. (2007). Why Women Aren't Funny. *Vanity Fair*, 49, 54.; Tosun, S., Faghihi, N. & Vaid, J. (2018). Is an Ideal Sense of Humor Gendered?: A Cross-National Study. *Frontiers in Psychology*, 9, 199. DOI: 10.3389/fpsyg. 2018.00199.
24. Robinson, D.T. & Smith-Lovin, L. (2001). Getting a Laugh: Gender, Status, and Humor in Task Discussions. *Social Forces*, 80, 123–158. DOI: 10.1353/ sof.2001. 0085.
25. Stewart-Williams, S. & Thomas, A.G. (2013). The Ape That Thought It was a Peacock: Does Evolutionary Psychology Exaggerate Human Sex Differences? *Psychological Inquiry*, 24, 137–168.
26. Williams, M. & Emich, K.J. (2014). The Experience of Failed Humor: Implications for Interpersonal Affect Regulation. *Journal of Business and Psychology*, 29, 651–668.
27. Bryant, G.A. *et al.* (2018). The Perception of Spontaneous and Volitional Laughter Across 21 Societies. *Psychological Science*, 29, 1515–1525.
28. Vettin, J. & Todt, D. (2005). Human Laughter, Social Play, and Play Vocalizations of Non-Human Primates: an Evolutionary Approach. *Behaviou*r, 142, 217–240.
29. Greengross, G. & Martin, R.A. (2018). Health Among Humorists: Susceptibility to Contagious Diseases Among Improvisational Artists. *Humor-International Journal of Humor Research*, 31, 491–505.
30. Rotton, J. (1992). Trait Humor and Longevity: Do Comics Have the Last Laugh? *Health Psychology*, 11, 262–266.; Stewart, S. *et al.* (2016). Is the Last 'Man' Standing in Comedy the Least Funny?: A Retrospective Cohort Study of Elite Stand-Up Comedians Versus Other Entertainers. *International Journal of Cardiology*, 220, 789–793.

31. Papousek, I. (2018). Humor and Well-being: A Little Less is Quite Enough. *Humor-International Journal of Humor Research*, 31, 311–327.
32. Schneider, M., Voracek, M. & Tran, U.S. (2018). 'A Joke a Day Keeps the Doctor away?' Meta-analytical Evidence of Differential Associations of Habitual Humor Styles with Mental Health. *Scandinavian Journal of Psychology*, 59, 289–300.
33. Dunbar, R.I.M. *et al.* (2012). Social Laughter is Correlated with an Elevated Pain Threshold. *Proceedings of the Royal Society B-Biological Sciences*, 279, 1161–1167.
34. Papousek, Humor and Well-being (前掲).

Chapter 7　ジョークと文化

1. Wiseman, R. (2002). Laughlab: the Scientific Search for the World's Funniest Joke. https://richardwiseman.files.wordpress.com/2011/09/ll-final-report.pdf.
2. Wiseman, R. (2008). *Quirkology: The Curious Science of Everyday Lives.* London: Pan Books.
3. Wood, A. & Niedenthal, P. (2018). Developing a Social Functional Account of Laughter. *Social and Personality Psychology Compass*, 12. DOI: 10.1111/spc3.12383.
4. The Saracen's Head, Glasgow.
5. Fraley, B. & Aron, A. (2004). The Effect of a Shared Humorous Experience on Closeness in Initial Encounters. *Personal Relationships*, 11, 61–78.
6. Kashdan, T.B., Yarbro, J., McKnight, P.E. & Nezlek, J.B. (2014). Laughter with Someone Else Leads to Future Social Rewards: Temporal Change Using Experience Sampling Methodology. *Personality and Individual Differences*, 58, 15–19.
7. Fowler, J.H. & Christakis, N.A. (2008). Dynamic Spread of Happiness in a Large Social Network: Longitudinal Analysis over 20 Years in the Framingham Heart Study. *British Medical Journal*, 337. DOI: 10.1136/bmj.a2338.
8. Shalizi, C.R. & Thomas, A.C. (2011). Homophily and Contagion Are Generi-

cally Confounded in Observational Social Network Studies. *Sociological Methods & Research*, 40, 211–239.

9. Kramer, A.D.I., Guillory, J.E. & Hancock, J.T. (2014). Experimental Evidence of Massive-scale Emotional Contagion through Social Networks. *Proceedings of the National Academy of Sciences of the United States of America*, 111, 8788–8790.
10. Kirsch, A. (2007). A Poet's Warning. *Harvard Magazine*, Nov–Dec 2007. https://harvardmagazine.com/2007/11/a-poets-warning.html. オーデン本人による朗読: https://www.youtube.com/watch?v=JZE_bhSUgG8.
11. Coviello, L. *et al.* (2014). Detecting Emotional Contagion in Massive Social Networks. *Plos One*, 9. DOI: 10.1371/journal.pone.0090315.; Baylis, P. *et al.* (2018). Weather Impacts Expressed Sentiment. *Plos One*, 13. DOI: 10.1371/journal.pone.0195750.
12. Kross, E. *et al.* (2019). Does Counting Emotion Words on Online Social Networks Provide a Window into People's Subjective Experience of Emotion?: A Case Study on Facebook. *Emotion*, 19, 97–107. DOI: 10.1037/emo0000416.
13. Maurin, D., Pacault, C. & Galès, B. (2014). The Jokes are Vectors of Stereotypes: Example of the Medical Profession from 220 Jokes. *Presse Medicale*, 43, E385–E392.
14. Pérez, R. (2016). Racist Humor: Then and Now. *Sociology Compass*, 10, 928–938. DOI: 10.1111/soc4.12411での引用.
15. Martin, R.A. & Ford, T.E. (2018). The Social Psychology of Humor. In: R.A. Martin & T.E. Ford, eds. *The Psychology of Humor: An Integrative Approach*. (Second Edition). London: Academic Press.
16. Thomae, M. & Viki, G.T. (2013). Why Did the Woman Cross the Road? The Effect of Sexist Humor on Men's Rape Proclivity. *Journal of Social, Evolutionary, and Cultural Psychology*, 7, 250–269.
17. Saucier, D.A. *et al.* (2018). 'What Do You Call a Black Guy Who Flies A Plane?': The Effects and Understanding of Disparagement and Confrontational Racial Humor. *Humor*, 31, 105–128.
18. Moalla, A. (2015). Incongruity in the Generation and Perception of Humor

on Facebook in the Aftermath of the Tunisian Revolution. *Journal of Pragmatics*, 75, 44–52.

19. Orwell, G. (1968). Funny But Not Vulgar. In: *The Collected Essays, Journalism, and Letters of George Orwell*. New York: Harcourt Brace Jovanovich. 初出: *The Leader*, 28 July 1945. Moalla (2015) (同上) での引用.
20. Macnab, G. (2011). Rudolph Herzog: Punchlines from the Abyss. *Guardian*, 25 May 2011. https://www.theguardian.com/books/2011/may/25/rudolph-herzog- dead-funny.
21. Lewis, B. (2008). *Hammer & Tickle: a History of Communism Told through Communist Jokes*. London: Weidenfeld & Nicolson.
22. 同上.
23. Draitser, E. (1978). *Forbidden Laughter: Soviet Underground Jokes*. Los Angeles, CA: Almanac Publishing House.
24. Freud, S. (1905). *Jokes and Their Relation to the Unconscious*. London: Hogarth Press and the Institute of Psychoanalysis (『フロイト全集8　1905年　機知』ジグムント・フロイト著, 中岡成文責任編集, 新宮一成/鷲田清一/道籏泰三/高田珠樹/須藤訓任編. 中岡成文/太寿堂真/多賀健太郎訳, 岩波書店, 2008年).
25. Davies, C. (2002). *The Mirth of Nations*. New Brunswick, NJ: Transaction Publishers.
26. Cohen, T. (1999). *Jokes: Philosophical Thoughts on Joking Matters*. Chicago, IL: University of Chicago Press.
27. Telushkin, J. (2002). *Jewish Humor: What the Best Jewish Jokes Say about the Jews*. New York: HarperCollins.
28. 同上.
29. Baum, D. (2018). *The Jewish Joke: An Essay with Examples* (*Less Essay, More Examples*). London: Profile Books.
30. Sutton-Spence, R. & Napoli, D.J. (2012). Deaf Jokes and Sign Language Humor. *Humor*, 25. DOI: 10.1515/humor-2012-0016.
31. 同上.
32. Chan, Y.C. *et al.* (2018). Appreciation of Different Styles of Humor: An fMRI

Study. *Scientific Reports*, 8. DOI: 10.1038/s41598-018-33715-1.

33. Chen, H.C. *et al.* (2013). Laughing at Others and Being Laughed at in Taiwan and Switzerland: A Cross-Cultural Perspective. In: J.M. Davis & J. Chey, eds. *Humour in Chinese Life and Culture: Resistance and Control in Modern Times*. Hong Kong: Hong Kong University Press. 1–15.
34. Kobayashi, M. (2006). Senryū: Japan's Short Comic Poetry. In: J.M. Davis, ed. *Understanding Humor in Japan*. Detroit, MI: Wayne State University Press. 153–177.
35. Choy, H.Y.F. (2018). Laughable Leaders: A Study of Political Jokes in Mainland China. In: K.F. Tam & S.R. Wesoky, eds. *Not Just a Laughing Matter: interdisciplinary Approaches to Political Humor in China*. Singapore: Springer Singapore. 97–115.
36. Haas, B. (2018). China Bans Winnie the Pooh Film after Comparisons to President Xi. *Guardian*, 7 August 2018. https://www.theguardian.com/world/2018/aug/07/china-bans-winnie-the-pooh-film-to-stop-comparisons-to-president-xi.
37. Hurley, M.M., Dennett, D.C. & Adams Jr., R.B. (2011). *Inside Jokes: Using Humor to Reverse-Engineer the Mind*. Cambridge, MA: MIT Press (『ヒトはなぜ笑うのか——ユーモアが存在する理由』マシュー・M・ハーレー／ダニエル・C・デネット／レジナルド・B・アダムズJr.著，片岡宏仁訳，勁草書房，2015年）での引用．

【著者・訳者紹介】

ジョナサン・シルバータウン（Jonathan Silvertown）

イギリス・エディンバラ大学生物科学部進化生物学研究所教授。専門は植物の集団生物学。生態環境持続性トラストの理事を務めるなど、環境保護活動にも積極的に携わっている。著書に『美味しい進化』『なぜ老いるのか、なぜ死ぬのか、進化論でわかる』（以上、インターシフト）、『生物多様性と地球の未来』（編、朝倉書店）などがある。

水谷　淳（みずたに　じゅん）

翻訳者。主な訳書にベン・マルティノガ／ムース・アラン『絶対にかかりたくない人のためのウイルス入門』（ダイヤモンド社）、マシュー・スタンレー『アインシュタインの戦争』（新潮社）、ジム・アル＝カリーリ／ジョンジョー・マクファデン『量子力学で生命の謎を解く』（SBクリエイティブ）などがあり、著書に『科学用語図鑑』（河出書房新社）がある。

なぜあの人のジョークは面白いのか?
進化論で読み解くユーモアの科学

2021年3月4日発行

著　者――ジョナサン・シルバータウン
訳　者――水谷　淳
発行者――駒橋憲一
発行所――東洋経済新報社
〒103-8345　東京都中央区日本橋本石町1-2-1
電話＝東洋経済コールセンター　03(6386)1040
https://toyokeizai.net/

装　丁…………橋爪朋世
ＤＴＰ…………アイランドコレクション
印刷・製本……丸井工文社
編集担当………九法　崇

Printed in Japan　ISBN 978-4-492-04684-5